中共河北省委党校（河北行政学院）创新工程科研项目

数字经济对劳动力就业的影响研究

严翠玲◎著

中国商务出版社

·北京·

图书在版编目（CIP）数据

数字经济对劳动力就业的影响研究／严翠玲著.
北京：中国商务出版社，2025.4. -- ISBN 978-7-5103-5652-0

Ⅰ. F323.6

中国国家版本馆 CIP 数据核字第 20251VR770 号

数字经济对劳动力就业的影响研究

严翠玲◎著

出版发行：中国商务出版社有限公司

地   址：北京市东城区安定门外大街东后巷 28 号   邮   编：100710

网   址：http://www.cctpress.com

联系电话：010—64515150（发行部）   010—64212247（总编室）
             010—64515164（事业部）   010—64248236（印制部）

责任编辑：丁海春

排   版：北京天逸合文化有限公司

印   刷：宝蕾元仁浩（天津）印刷有限公司

开   本：710 毫米×1000 毫米 1/16

印   张：13   字   数：194 千字

版   次：2025 年 4 月第 1 版   印   次：2025 年 4 月第 1 次印刷

书   号：ISBN 978-7-5103-5652-0

定   价：79.00 元

前　言

在数字化浪潮席卷全球的今天，数字经济已成为推动社会经济发展的新引擎。随着大数据、云计算、人工智能等技术的飞速发展，传统经济模式正逐渐被数字经济所渗透与重塑。这一深刻变革不仅改变了传统经济的产业结构和商业模式，更对劳动力就业市场产生了深远的影响。随着数字经济的高速发展，一方面创造了大量新兴的就业岗位，为劳动力市场注入了新的活力；另一方面，对传统就业岗位和职业技能提出了新的挑战。数字技术的广泛应用不仅加速了产业的转型升级，也在一定程度上重塑了劳动力的需求与供给格局。一方面，数字经济催生了一系列新的职业和就业形态，如远程办公、自由职业、共享经济等，这些新兴模式为劳动者提供了更多的就业选择、提高了就业灵活性。另一方面，数字技术的普及要求劳动者不断更新知识结构，提升数字技能，以适应新的工作环境。因此，研究数字经济对劳动力就业的影响，不仅有助于更全面地认识数字时代的就业特点，也为优化劳动力资源配置、提升劳动者技能水平以及实现更高质量的就业提供了理论支撑和实践指导。

本书共七章，深入探究了数字经济对劳动力市场的深远影响。第一章阐述了数字经济与劳动力就业的理论基础，为后续分析奠定了基石。第二章聚焦数字经济如何影响劳动力就业总量，揭示了新就业机会与传统岗位替代并存的现象。第三章探讨了数字经济对劳动力就业结构的影响，从制造业到服务业，再到城乡就业结构，全面剖析了就业结构的变化趋势。第四章关注数字经济如何提升劳动力就业质量，涉及劳动报酬、工作条件如就业稳定性等方面。第五章和第六章分别研究了数字经济与灵活就业模式、数字平台经济中的劳动力就业问题，展示了新就业形态的特征与新就业形态面临的挑战。第七章探讨了数字经济对教育与培训的新要求，指明了改革方向，提出了提升劳动力素质的建议与措施。本书适用于制度制定者、经济学者、教育工作者以及广大劳动者，有助于他们洞察数字经济时代的就业新趋势。

作　者
2024.6

目　录

第一章　数字经济与劳动力就业的理论基础

第一节　数字经济的理论渊源与发展脉络

一、数字经济的理论起源

数字经济概念的根源可追溯至 20 世纪 90 年代。信息技术与经济社会的发展在这一时期实现了深度融合。随着互联网的广泛普及和信息技术的迅猛进步，人们逐渐认识到数字技术对传统经济体系变革的深刻影响。在这一时代背景下，加拿大商业策略大师唐·塔普斯科特凭借其敏锐的洞察力，于 1995 年出版了具有划时代意义的著作——《数字经济》。该书详细剖析了互联网对经济社会的各方面影响，首次系统性地提出了数字经济概念，为后续的研究和实践奠定了坚实的基础。此后，尼古拉斯·尼葛洛庞帝的《数字化生存》以及曼纽尔·卡斯特的《信息时代三部曲：经济、社会与文化》等作品相继问世。它们从不同角度对数字经济进行了深入的探讨和分析，进一步丰富了数字经济的理论体系。这些著作的广泛传播，不仅加深了人们对数字经济的理解，更掀起了全球范围内对数字经济研究的热潮。从学术理论的视角来审视，数字经济并非孤立存在，而是信息技术与经济学理论相互交融、共同演进的产物。它汲取了信息经济学、网络经济学等学科的精髓，将技术创新、产业升级等现代经济发展理念融入其中，形成了一种全新的经济形态。

数字经济的核心在于，它将数字化的知识和信息提升到了关键生产要素的地位。这意味着信息和知识在经济发展中的作用愈加凸显。随着数字技术的不断创新和应用，数字经济推动经济社会的持续发展与深刻变革，引领人类迈向一个更加智能化、高效化的新时代。

二、数字经济的关键要素

（一）数据资源：数字经济的基石

数据作为数字经济的基础要素，已经渗透到了经济社会的每一个角落。其独特的使用价值，不仅体现在记录信息、反映现实上，更在于其能够通过深度分析和挖掘，为决策提供科学依据、为企业创造商业价值。近年来，随着大数据技术的迅猛发展，数据资源的采集、存储、处理和分析水平得到了前所未有的提升。这种技术的飞跃，使得企业能够从海量数据中提取有价值的信息，进而洞察市场趋势、优化业务流程、提高运营效率。例如，在零售行业，通过分析顾客的购物数据，企业可以精准地了解消费者的偏好和需求，从而调整商品结构和营销策略，实现销售额的增长。数据资源的丰富和大数据技术的发展，为数字经济的发展提供了坚实的数据基础。这不仅推动了传统产业的数字化转型，还催生了诸如数据服务、数据分析等新兴行业。可以说，没有数据资源的支撑，数字经济将成为无源之水、无本之木。

（二）数字技术：驱动数字经济发展的核心力量

包括云计算、大数据、人工智能、物联网等新一代信息技术在内的数字技术，正以强大的创新能力和广阔的应用前景，引领数字经济蓬勃发展。这些技术不仅在提高生产效率和降低运营成本方面发挥了显著作用，更在催生新业态、新模式方面展现出巨大的潜力。云计算作为一种按需提供计算资源的服务模式，使得企业能够根据需要灵活调整资源配置，提高资源利用效率。人工智能技术的应用，将智能化推向了新高度，无论在智能制造、智能客服还是自动驾驶等领域，都展现出惊人的能力。物联网技术则通过连接各种智能设备，实现了信息的实时共享和远程控制，为智能家居和智能城市等领域的发展提供了有力的支持。数字技术的创新应用，正在深刻改变着人们的生产和生活方式。它们不仅提高了生产效率，降低了运营成本，更在推动产业升级、优化经济结构方面发挥着重要作用。随着技术的不断进步和应用场景的不断拓展，数字技术将成为推动数字经济发展的核心力量。

（三）信息网络：搭建数字经济的高效平台

现代信息网络作为数字经济的重要载体，为数据的传输、交换和共享提供了高效便捷的平台。随着互联网、物联网等网络的普及和融合，人类社会正步入一个信息高度互联互通的时代。信息网络的发展，使得数据的流通变得更加迅速和便捷。无论是企业间的数据交换，还是个人间的信息共享，都离不开信息网络的支持。这种高效的数据传输和共享机制，不仅提高了工作效率，还促进了信息的公开透明化和资源的优化配置。例如，在供应链管理领域，通过信息网络实现的数据共享和协同工作，可以大大提高供应链的响应速度和灵活性。此外，信息网络还为数字经济的蓬勃发展创造了有利的条件。它打破了地域限制，使得企业能够跨越时空界限进行全球范围内的资源配置和市场拓展。同时，信息网络还推动了线上线下的深度融合，为电子商务、在线教育等新兴行业的发展提供了广阔的空间。可以说，如果没有信息网络的支持，数字经济的发展将受到极大的制约。

三、数字经济的发展脉络

（一）电子计算机诞生（20 世纪 40 至 60 年代）

20 世纪 40—60 年代，电子计算机的诞生标志着数字经济时代的序幕正式拉开。这一阶段，电子计算机经历了显著的变革，不仅体积逐渐缩小，价格也逐渐变得亲民，更重要的是，其计算速度得到了大幅的提升。这些进步为后来的信息技术革命奠定了坚实的基础。1946 年，世界上第一台电子数字式计算机 ENIAC 在美国诞生。这一里程碑式事件，不仅宣告了计算技术进入了一个全新的时代，更预示着人类社会将迎来一场深刻的变革。ENIAC 的出现，极大地推动了科学技术的发展，尤其是在数据处理和复杂计算领域展现出了前所未有的能力。随后，互联网也开始"崭露头角"。最初，互联网主要应用于美国军事领域，用于连接四台计算机，形成了一个小型网络。1969 年，美国国防部建立了阿帕网。这是互联网发展史上的又一个重要节点。阿帕网的建立，不仅实现了计算机之间的远程通信，更为后来互联网的普及和全球化奠定了基础。在阿帕网的基础上，互联网逐渐形成了美国国家科学基金会网络（NSFnet）、万维网（World Wide Web）等主干网。这些网络的出现，极大地促进了信息的传播和交流。互联网的普及，使得人们能够更加方便地获取和分享信息，这也为数字经济的蓬勃发展提供了强大的动力。

（二）个人电脑时代（20 世纪 70 年代中期至 90 年代中期）

20 世纪 70 年代中期至 90 年代中期，个人电脑时代"翩然而至"。这一时期是信息技术发展的又一重要里程碑。大规模集成电路技术的突破，极大地推动了电子计算机技术的革新，使得计算机的体积进一步缩小，但性能却得到了大幅提升。这种技术的飞跃，为个人电脑的出现和普及奠定了坚实的基础。个人电脑的出现，是这一阶段最为显著的成果之一。它使得计算机技术不再局限于大型企业和科研机构，而开始走进中小企业和普通居民的生活。1981 年，第一部真正意义上的个人计算机——IBM PC-5150 诞生，它采用了先进的Intel 8088 处理器。这不仅意味着个人计算能力的大幅提升，更预示着个人电脑时代的正式开启。IBM PC-5150 的成功推出，极大地推动了个人电脑的普及和应用，为个人电脑在商业领域的广泛运用奠定了基础。与此同时，互联网的发展也进入了新的阶段。1989 年，万维网的诞生，无疑是这一时期互联网发展的标志性事件。英国科学家伯纳斯·李撰写的第一个基于互联网的超文本系统提案《关于信息管理的建议》，不仅为万维网的发展提供了理论支持，更在实际应用中推动了互联网的普及和发展。万维网的出现，极大地丰富了互联网的功能和应用场景，使信息的获取、分享和交流变得更加便捷和高效。

（三）PC互联网时代（20世纪90年代中期至21世纪初）

20世纪90年代中期至21世纪初，PC互联网时代正式到来。这一时期标志着计算机网络技术进入了一个全新的发展阶段。1993年，美国克林顿执政后积极推出的"信息高速公路"战略，成为这一时期的重要里程碑。该战略不仅预示着信息技术将成为国家发展的核心驱动力，而且为计算机网络技术的飞速发展奠定了坚实的基础。随着"信息高速公路"战略的深入实施，网络浏览器的开发取得了重大突破，极大地提升了用户浏览和获取信息的便捷性。同时，搜索服务也迎来了革新，以谷歌公司为代表的新型搜索引擎，凭借强大的搜索算法和精准的信息匹配能力，迅速赢得了用户的青睐。拉里·佩奇和谢尔盖·布林于1996年共同创建的谷歌公司，便是在这一时期"崭露头角"，并逐渐成长为全球互联网领域的佼佼者。此外，电子商务在这一阶段也获得了迅猛的发展。随着网络技术的不断进步和普及，越来越多的企业开始将业务拓展至线上，通过电子商务平台实现商品和服务的在线交易。这种新型的商业模式不仅为消费者提供了更加便捷、丰富的购物选择，也为企业带来了前所未有的市场机遇。与此同时，网络硬件技术也取得了显著的进步。为了满足日益增长的网络需求，各种高性能、多功能的网络设备应运而生，为网络的稳定运行和高效传输提供了有力的保障。

（四）移动互联网时代（21世纪初至2015年左右）

21世纪初至2015年左右，移动互联网时代开启，引领了信息技术的又一次革命性飞跃。随着移动通信技术的迅猛进步与智能手机的广泛普及，网络经济以崭新的移动互联网形态再度焕发活力，深刻重塑了人们的生活方式和社会经济结构。这一时期，互联网企业平台化趋势日益凸显。众多企业纷纷将业务延伸至移动领域，通过构建综合性服务平台，整合各类资源与服务，为用户提供一站式、便捷高效的解决方案。这种平台化的发展模式，不仅提升了企业的核心竞争力，也极大地丰富了用户的消费选择，推动了网络经济的繁荣发展。与此同时，共享经济模式开始受到社会各界的广泛关注。借助移动互联网的技术优势，共享经济迅速崛起，成为引领经济发展的新动力。人们通过智能手机等终端设备，能够轻松实现资源的共享与利用，不仅提高了资源的利用效率，也促进了社会的可持续发展。从共享出行到共享住宿，再到共享知识与技能，共享经济正逐渐渗透到人们生活的方方面面，引领着社会消费观念与生活方式的变革。

（五）全面数字经济时代（2016 年之后）

21 世纪的前几十年，见证了数字技术的飞速发展。2016 年标志着一个新时代——全面数字经济时代的到来。2016 年以后，信息技术的关键基础，特别是以集成电路为核心的微电子技术，在制造工艺上不断挑战并逼近物理极限，从而推动了整个数字经济的深刻变革。随着集成电路技术的不断进步，其集成度越来越高、性能越来越强大，而功耗却越来越低。这为物联网、云计算、大数据和人工智能等前沿技术的蓬勃发展提供了强有力的硬件支撑。物联网技术使得各种智能设备能够互联互通，形成了一个庞大的信息网络，极大地提高了数据的获取和利用效率。云计算作为一种新兴的信息技术服务模式，通过虚拟化技术将计算资源、存储资源和网络资源进行池化，为用户提供按需、弹性的服务，从而大大降低了企业的信息化成本，提高了运营效率。与此同时，大数据技术的兴起使得人们能够从海量数据中挖掘出有价值的信息，为决策提供更加科学、准确的依据。而人工智能技术更是在这一时期取得了突破性进展。深度学习、机器学习等算法的不断优化和创新，使人

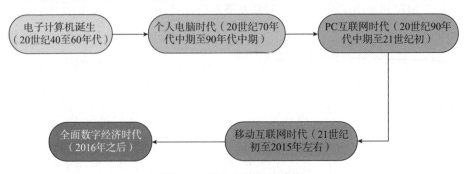

图 1-1　数字经济发展脉络

工智能在语音识别、图像识别、自然语言处理等领域取得了举世瞩目的成果，为数字经济的未来发展带来了无限可能。图1-1所示为数字经济发展脉络。

第二节　劳动力就业理论概述

一、劳动力市场的概念与特征

（一）供求双方的多样性

劳动力市场作为一个动态的交易平台，其显著特征之一是供求双方的多样性。这种多样性源于劳动者和企业之间的巨大差异。这种差异不仅体现在个体的技能水平、教育背景、年龄和性别上，还体现在企业所处的行业、规模以及经营状况等多个维度。从劳动者的角度来看，技能水平的差异是影响劳动力市场多样性的重要因素。随着教育的普及和职业技能培训的推广，劳动者的技能水平呈现出多样化的特点。一些劳动者可能具备高度专业化的技能，适合特定的行业或岗位，而另一些劳动者则可能拥有更为通用的技能，能够适应多种工作环境。这种技能水平的多样性使得劳动力市场能够满足不同行业和企业对人才的需求。教育背景也是影响劳动力市场多样性的一个重要方面。随着教育体系的不断完善，劳动者的学历层次越来越高，专业知识储备越来越丰富。不同学历背景的劳动者在劳动力市场上的竞争力和就业机会各不相同。高学历和掌握专业技能的劳动者往往能够获得更多的就业机会和更高的薪资待遇。同时，年龄和性别也是影响劳动力市场多样性的因素。不同年龄段的劳动者在工作经验、学习能力和适应能力等方面存在差异。年轻劳动者通常更具创新精神和学习能力，而年长劳的动者则可能拥有丰富的实践经验和负责任的工作态度。性别差异主要体现在职业选择和工作期望上，男女劳动者在职业发展和工作需求方面往往有着不同的考量和选择。

从企业的角度来看，行业的多样性对劳动力市场的影响不容忽视。不同行业对劳动力的需求各不相同，这不仅体现在对技能和教育背景的要求上，还体现在对工作经验和行业认知的期望上。因此，劳动力市场上的企业需求呈现出多样化的特点。企业的规模和经营状况同样影响着劳动力市场的供求关系。大型企业往往能够提供更多的就业机会和更广阔的发展空间，而中小型企业则可能更加注重员工的实际工作能力和多元化技能。企业的经营状况直接影响着员工的薪资待遇和职业发展机会。综上所述，劳动力市场供求双方的多样性是多种因素共同作用的结果。这种多样性不仅丰富了劳动力市场的交易内容，也为劳动者和企业提供了更多的选择和可能性。

（二）工资的差异性

在劳动力市场中，工资的差异性主要源于劳动者的技能水平、工作经验以及市场需求等多种因素的综合作用。掌握高度专业化和稀缺技能的劳动者往往能够获得更高的薪资待遇。这是因为他们的技能在市场上具有较高的价值，且难以被替代。相反，技能水平较低或所掌握技能较为普遍的劳动者则可能面临较低的薪资待遇。通常情况下，具有丰富工作经验的劳动者能够获得更高的工资。这是因为他们在实际工作中积累了大量经验和知识，能够更加高效地完成工作任务并解决实际问题。相比之下，缺乏工作经验的劳动者则需要从基础开始学习，因此其工资水平相对较低。当某一类技能或行业的劳动力市场需求大于供给时，这些劳动者的工资水平往往会提高。反之，如果市场需求小于供给，则可能导致工资水平下降。市场供求关系的变化是劳动力市场工资差异性的重要驱动力。值得注意的是，工资的差异性不仅反映了劳动力市场的竞争程度和劳动力的价值，还体现了社会对不同技能和经验的认可和回报。因此，在分析工资差异性时，需要综合考虑多种因素，以全面了解这一现象背后的深层次原因。

（三）就业的不稳定性

在劳动力市场中，就业的不稳定性是一个不容忽视的特征。这种不稳定性主要受到经济周期、技术进步和产业结构调整等多种因素的影响。在经济繁荣时期，市场需求旺盛，就业机会增多，劳动者的就业稳定性相对较高。

然而，在经济衰退时期，市场需求萎缩，企业裁员或倒闭的风险增加，导致就业稳定性下降。这种周期性的经济波动使得劳动者的就业状态呈现出不稳定的特点。随着科技的不断发展，一些传统行业和工作岗位可能被自动化和智能化技术所取代。这种技术进步可能导致部分劳动者面临失业的风险，从而降低就业的稳定性。同时，新技术和新行业的涌现也会为劳动者提供新的就业机会，但这种机会往往伴随着更高的不确定性和风险。随着全球化的推进和市场经济的发展，产业结构不断调整和升级。一些传统行业可能逐渐衰退或转型，而新兴行业则逐渐崛起。这种产业结构调整可能导致部分劳动者面临转行或再就业的挑战，从而提高了就业的不稳定性。

二、劳动力供求关系与就业均衡

（一）劳动力供给的影响因素

劳动力供给是劳动力市场运行的基础，受到多种因素的共同影响。其中，人口结构、教育水平、劳动参与率和社会保障制度是最为关键的四个方面。人口结构包括年龄、性别和城乡分布等多个方面，其中，年龄结构的影响最为显著。随着人口老龄化的加剧，劳动年龄人口比重逐渐下降，这直接导致劳动力供给减少。老龄化不仅意味着未来劳动力资源的缩减，还可能引发一系列社会问题，如养老负担加重、医疗保障压力增大等。这些都会对劳动力供给产生间接影响。因此，人口结构的变化是预测和分析劳动力供给必须考虑的重要因素。随着教育的普及和学历层次的提高，劳动者的知识水平和技能储备得到提高和增加，这使得他们能够胜任更为复杂和高技能的工作。教育水平的提高不仅增加了高素质劳动力的供给，还有助于提升整个社会的创新能力和生产效率。然而，值得注意的是，教育水平的提高也可能导致部分劳动者因技能不匹配而就业困难。这种结构性失业问题需要通过职业教育和培训等手段加以解决。劳动参与率反映了劳动者参与市场劳动的意愿，受到经济状况、文化观念和社会保障制度等多种因素的影响。在经济繁荣时期，劳动参与率通常较高，因为劳动者有更多的就业机会和更高的收入预期；而在经济衰退时期，劳动参与率则可能下降，因为部分劳动者可能因就业困难而选择退出劳动力市场。此外，不同性别、年龄和地区的劳动参与率也存在差异，这些差异对劳动力供给的总量和结构都有一定影响。社会保障制度（涉及养老保险、医疗保险、失业保险等多个方面）旨在为劳动者提供基本的生活保障和风险防范机制。完善的社会保障制度可以减少劳动者的后顾之忧，提高他们的劳动参与意愿和就业稳定性；而社会保障制度的缺失或不足则可能导致劳动者面临较大的生活压力和就业风险，从而影响他们的劳动力供给决策。

（二）劳动力需求的影响因素

劳动力需求是劳动力市场运行的一个重要方面，同样受到多种因素的影响。其中经济增长、产业结构、技术进步和国际贸易是最为关键的四个因素。经济增长意味着社会总产出的增加，这通常需要更多的劳动力投入来实现。在经济繁荣时期，企业扩大生产规模、增加投资，从而创造更多的就业机会和增加劳动力需求；而在经济衰退时期，企业则可能缩减生产规模、减少投资，导致劳动力需求下降。因此，经济增长的速度和波动性是预测和分析劳动力需求时必须考虑的重要因素。这种产业结构调整直接导致劳动力需求的变化：新兴行业可能需要大量高素质劳动力来支撑其发展，而传统行业则可能因技术替代或市场萎缩而减少劳动力需求。因此，了解和分析产业结构的变化趋势对预测劳动力需求具有重要意义。自动化、智能化等技术在各个领域的广泛应用，极大地提高了生产效率、降低了对劳动力的依赖。技术进步可能导致某些传统岗位的消失或技能要求的改变，但同时也可能带来新的就业机会和劳动力需求。因此，在分析技术进步对劳动力需求的影响时，需要综合考虑其替代效应和创造效应。国际贸易对劳动力需求的影响也不容忽视。国际贸易的发展促进了商品和资本的跨国流动，加强了国际竞争和合作。对于出口导向型企业而言，国际贸易的扩大可能带来更多的市场机会和劳动力需求；而进口竞争型企业则可能面临更大的市场压力和劳动力需求的不确定性。此外，国际贸易还可能通过影响国内产业结构、技术进步和就业结构等途径间接影响劳动力需求。

（三）就业均衡的调整过程

在劳动力市场中，就业均衡是一个动态调整的过程。它涉及工资水平和就业人员数量的变化以及与之相关的失业、职业流动和摩擦等问题。当劳动力市场的供求关系发生变化时，工资水平和就业人员数量会相应地进行调整以实现新的均衡。具体而言，如果劳动力供给增加或需求减少，那么工资水平可能下降以吸引更多的雇主雇佣劳动者；反之，如果劳动力供给减少或需求增加，那么工资水平可能上升以反映劳动力的稀缺性。同时，就业人员数量也会根据供求关系的变化而调整：在供大于求的情况下，部分劳动者可能面临失业的风险；而在供不应求的情况下，则可能出现劳动力短缺和就业机会增多的情况。失业是劳动力市场供求失衡的直接结果之一，表现为部分劳动者在一段时间内无法找到合适的工作而处于待业状态。失业不仅会给劳动者个人带来经济损失和心理压力，还可能对社会稳定和经济发展产生负面影响。因此，行政部门和社会需要采取措施来减少失业、促进就业均衡的实现。职业流动是指劳动者在不同工作岗位或行业之间的转换和流动，体现了劳动力市场的灵活性和劳动者的择业自由。而劳动力市场的摩擦则是指信息不对称、交易成本过高等因素导致的市场运行不畅和资源配置效率损失。这些摩擦可能阻碍劳动力供求的有效匹配和就业均衡的实现，因此需要通过完善市场机制、提高信息透明度等措施来加以缓解。

三、失业问题与就业制度

（一）失业的类型与原因

在劳动力市场中，失业是一种普遍存在的现象。根据不同的原因和特征，失业可以被划分为多种类型，其中摩擦性失业、结构性失业和周期性失业是最为常见的三种。摩擦性失业，顾名思义，是指劳动力市场中的摩擦所导致的失业。这种摩擦主要来源于信息的不完全性和劳动者在寻找工作过程中的时间差。在信息不完全的劳动力市场中，劳动者和雇主之间的信息匹配往往不是即时的，劳动者可能需要一段时间来搜寻适合自己的工作，而雇主可能也需要时间来寻找合适的劳动者。这种搜寻过程中的时间差导致了摩擦性失业的发生。此外，劳动者的职业转换、地理位置的迁移等因素也可能引发摩擦性失业。摩擦性失业虽然是短暂的、过渡性的，但却是劳动力市场中不可避免的现象。经济的发展和转型、产业结构不断调整、新兴行业崛起、传统行业衰退等结构性变化可能导致一些行业的劳动力需求减少，而另一些行业的劳动力需求增加。如果劳动者不能及时适应这种变化，他们的技能可能与新的工作机会不匹配，从而引发结构性失业。此外，技术进步也是导致结构性失业的重要原因之一。随着科技的飞速发展，许多传统岗位被自动化和智能化工具所取代，这就要求劳动者不断更新自己的知识和技能以适应新的工作环境，避免面临结构性失业的风险。在经济繁荣时期，总需求旺盛，企业扩大生产规模，创造更多的就业机会，失业率相对较低；而在经济衰退时期，总需求萎缩，企业缩减生产规模甚至倒闭，导致大量劳动者失业。这种随着经济周期波动而变化的失业现象被称为周期性失业。周期性失业的规模和持续时间取决于经济周期的波动幅度和持续时间。因此，行政部门和经济学家们往往密切关注经济周期的变化以预测和应对周期性失业的挑战。

（二）就业制度的目标与手段

就业制度的目标通常包括降低失业率、提高就业质量和提高劳动力市场的公平性与效率。为实现这些目标，行政部门可采取多种手段来干预和调节劳动力市场。通过职业培训，行政部门可以帮助劳动者提升技能水平来增强就业竞争力并更好地适应劳动力市场的需求变化。职业培训可以针对不同类型的失业人群进行定制化设计，如针对青年人设计入职培训、针对在职人员设计技能提升培训等。此外，行政部门还可以与企业、教育机构等合作共同开展职业培训项目以增强培训效果和针对性。实施劳动力市场制度的措施包括提供就业服务、创造就业机会、鼓励创业和自雇等。行政部门可以设立公共就业服务机构来提供职业咨询、就业指导等服务，帮助劳动者更好地融入劳动力市场；也可以通过财政补贴、税收优惠等措施来激励企业创造更多的就业岗位；还可以鼓励和支持创业活动以带动就业增长并促进经济创新发展。完善社会保障制度旨在为劳动者提供基本的生活保障和风险防范机制，以减少他们在就业过程中的后顾之忧。通过完善养老保险、医疗保险、失业保险等社会保障制度并提高其覆盖率和保障水平，行政部门可以增强劳动者的就业安全感和稳定性，从而使他们更积极地参与劳动力市场活动。经济增长是创造就业机会和提高就业质量的根本动力，行政部门可以通过制定和实施合理的经济制度来刺激经济增长并创造更多的就业机会；也可以加大对创新、教育等领域的投入以提高劳动生产率和经济增长的潜力，从而为长期就业增长奠定坚实的基础。

（三）就业制度的评估与改进

就业制度的实施效果需要进行定期评估以便及时发现问题并进行改进，确保其针对性和有效性并持续推动劳动力市场的健康发展和社会经济的稳定增长。在评估过程中，应关注制度是否有足够强的针对性，是否真正解决了失业问题；制度的有效性如何，是否达到了预期的目标，是否对失业率、就业质量等关键指标产生了积极影响；制度的可持续性如何，是否能够长期稳定发挥作用而不会产生负面影响。同时，评估还应考虑制度对不同群体的影响，如青年、女性、残疾人等。这些群体在劳动力市场中可能面临特殊的挑战和困境，需要给予针对性的制度支持和关注。通过深入了解不同群体的需求和特点，行政部门可以制定更加精准有效的就业制度来帮助他们更好地融入劳动力市场并实现自身价值。在评估的基础上，行政部门应及时对就业制度进行调整和改进，以适应劳动力市场的变化和社会经济的发展需求。这包括优化职业培训的内容和方式、调整劳动力市场制度的重点和力度、加强社会保障制度的设计和实施以及完善推动经济增长的策略和路径等。通过持续改进和优化就业制度，行政部门可以更好地应对失业问题并促进劳动力市场的均衡与稳定发展。

第三节　数字经济与劳动力市场的互动机制

一、数字经济对劳动力市场的影响

（一）就业总量的变化

1. 数字经济创造新职业岗位，提升高技能人才需求

随着数字技术的迅猛发展，一系列新兴职业应运而生，如大数据分析师、人工智能工程师、云计算专家等。这些职业岗位不仅要求从业者具备扎实的计算机科学基础，还需要他们掌握数据分析、机器学习、深度学习等前沿技术。数字经济的兴起，为高技能人才提供了广阔的就业空间。企业为了保持竞争力，纷纷加大在数字技术领域的投入，进一步提高了对这类人才的需求。从学术角度来看，数字经济带来的这一影响可以归因于技术进步的就业创造效应。技术进步通过创新生产方式和提高生产效率，创造了新的市场需求，进而催生了新的职业岗位。同时，数字经济的快速发展也促进了产业结构的优化升级，使得高技能、高附加值的岗位逐渐成为就业市场的主流。这种趋势不仅提升了劳动力市场的整体质量，还推动了社会经济的持续发展。

2. 数字经济替代传统产业岗位，引发就业结构变化

数字经济的发展对传统产业中一些重复性和低附加值的劳动岗位产生了冲击。随着自动化和机器人技术的广泛应用，许多原本需要人工完成的简单、重复性工作逐渐被机器替代。这导致劳动力市场对这类岗位的需求大幅减少，部分低技能劳动者面临失业的风险。然而，需要指出的是，虽然数字经济对传统产业岗位产生了替代效应，但总体来看，其对总体就业水平的影响并不显著。而且，从长期来看，数字经济的发展有助于提升整个社会的生产效率和经济效益，从而带动就业市场的整体增长。对于特定行业，如制造业，数字经济的影响更为显著。制造业作为传统产业的代表，其就业结构在数字经济的冲击下发生了巨大变化。一方面，智能制造、工业互联网等数字技术的应用使得制造业的生产过程更加自动化、智能化，减少了对传统工人的需求；另一方面，数字经济的发展推动了制造业的转型升级，催生了新的职业岗位，如智能制造工程师、工业互联网安全专家等。这些新岗位不仅要求从业者具备较高的数字技能水平，还需要他们具备创新思维和跨领域合作的能力。

（二）就业结构的变化

1. 数字职业的快速产生与劳动力市场的多元化

随着数字技术的迅猛发展和广泛应用，一系列新兴的数字职业如雨后春笋般涌现。这些职业包括但不限于电子商务运营师、短视频审核员、网络直播员等，它们代表了数字经济时代的新型就业形态。这些数字职业不仅为劳动力市场注入了新的活力，还极大地丰富了就业市场的多样性。首先，数字职业的兴起为劳动者提供了更多的就业选择。过去，传统行业的就业岗位往往受限于地域、行业等因素，而数字职业的出现则打破了这些限制。劳动者可以根据自己的兴趣、技能和市场需求，选择适合自己的数字职业，就业更加灵活。数字职业的快速发展推动了劳动力市场的多元化。随着数字技术的不断创新和应用，新的数字职业不断涌现，为劳动力市场带来更多的可能性和机遇。这种多元化的发展趋势有助于提升劳动力市场的整体竞争力，促进经济的持续健康发展。

2. 传统产业数字化转型与劳动者技能的升级需求

在数字经济的推动下，传统产业逐步实现数字化转型。数字化转型过程不仅改变了传统产业的生产方式和经营模式，还对劳动者的数字技能和创新能力提出了更高要求。随着自动化、智能化等技术的广泛应用，传统产业中的许多岗位已经或正在被数字化替代。这就要求劳动者必须掌握一定的数字技能，如数据分析、编程等，以适应新的工作环境和岗位需求。在数字经济时代，技术和市场日新月异，劳动者必须保持持续学习的态度，不断更新自己的知识和技能。这不仅有助于提高劳动者的个人竞争力，还有助于推动整个产业的创新和发展。此外，传统产业的数字化转型还对劳动者的创新能力提出了更高要求。在数字化时代，创新是企业发展的核心动力之一。劳动者需要具备敏锐的市场洞察力和创新思维，发现市场机会、提出创新方案，并付诸实践。这种创新能力的提升有助于推动传统产业的转型升级和持续发展。

（三）工作模式的变革

1. 灵活就业方式的普及与劳动者工作满意度的提升

数字化网络技术的快速发展，为劳动者提供了前所未有的工作灵活性和自主性，远程办公、自由职业、兼职等灵活就业方式逐渐成为劳动力市场的重要组成部分。这些新型工作模式打破了传统工作模式的时空限制，使得劳动者能够根据自身情况和市场需求，灵活选择工作时间、地点和方式。远程办公的兴起，使得劳动者能够在家中或其他远离传统办公场所的地方进行工作，减少了通勤时间和成本，提高了工作效率和生活质量。自由职业和兼职则为劳动者提供了更多的职业选择和收入来源，使他们能够更好地平衡工作和生活，实现个人价值和职业发展的多元化。灵活就业方式的普及，不仅提高了劳动者的工作满意度，还提高了劳动力市场的流动性和灵活性。劳动者可以更容易地跨行业、跨地区流动，寻找更适合自己的工作岗位和职业发展机会。

2. 新兴经济模式的发展与就业空间的拓宽

数字化网络技术的变革还促进了平台经济、零工经济、共享经济等新兴经济模式的发展。这些新兴经济模式以数字技术为基础，通过构建平台、连接供需双方，实现了资源的优化配置和共享。它们不仅为劳动者提供了更多的就业机会和收入来源，还推动了经济社会的创新和发展。平台经济通过构建在线交易平台，使得劳动者能够跨越地域和行业的限制，与全球范围内的企业和消费者进行交易。这种交易方式的创新，不仅拓宽了劳动者的就业空间，还提高了交易的效率和便捷性。零工经济和共享经济则通过共享资源、降低成本的方式，为劳动者提供了更多的兼职和临时工作机会。这些工作机会通常具有灵活性高、门槛低等特点，适合不同技能和经验的劳动者参与。

新兴经济模式的发展，不仅创造了更多的就业机会，还推动了劳动力市场的结构转型和升级。它们要求劳动者具备更高的数字技能、创新能力和市场敏锐度，以适应快速变化的市场需求和技术发展。这种要求促使劳动者不断学习新知识、新技能，提高自身的竞争力和适应能力。

（四）人才流动与区域发展

1. 数字经济发达城市的人才集聚效应

在数字经济的前沿阵地，如北京、上海、深圳、杭州等城市，由于其在数字技术创新、产业应用及市场规模上的领先地位，对高技能人才的需求呈现出井喷式增长。这些城市凭借强大的数字经济基础，吸引了大量IT互联网研发岗位和产品岗位的人才涌入。这些人才不仅具备深厚的专业技术知识，还具有敏锐的市场洞察力和创新能力，是推动数字经济持续发展的关键力量。人才集聚效应在这些城市中尤为显著。一方面，高度集中的数字经济产业和丰富的就业机会为人才提供了广阔的发展空间和职业前景，吸引了更多优秀人才前来寻求发展机会。另一方面，大量优秀人才的聚集进一步推动了数字经济的创新和发展，形成了良性循环。这种人才集聚效应不仅提升了城市的数字经济竞争力，还促进了城市整体经济水平的提升和社会文化的繁荣。

2. 中西部城市数字经济发展与人才吸引策略

面对数字经济发达城市的强大吸引力，中西部城市也在积极寻求突破，通过发展数字经济来吸引人才流入，推动区域经济的协调发展。这些城市充分利用自身的资源和区位优势，结合数字经济的特点，制定了一系列针对性的人才吸引和培养制度。中西部城市通过建设区域数字经济高地，打造具有特色的数字经济产业园区和创新平台，为人才提供了良好的工作环境和更多的创业机会。这些园区和平台不仅聚集了众多数字经济企业，还提供了完善的配套服务和有效的支持，降低了人才的创业成本和风险。中西部城市还通过优化人才制度，提高人才引进的针对性和实效性。例如，提供优厚的薪资待遇、住房补贴、子女教育等福利措施，以及简化人才引进流程、降低落户门槛等制度措施，吸引了大量优秀人才前来工作和定居。中西部城市还注重与高校和科研机构合作，通过产学研用一体化的发展模式，培养更多符合数字经济需求的高技能人才。这种合作模式不仅提升了人才的综合素质和创新能力，还促进了科技成果的转化和应用，推动了数字经济的快速发展。

二、劳动力市场对数字经济的反馈

（一）劳动力市场的适应性调整

1. 劳动者个体层面的适应性调整：数字技能的提升与学习

在数字经济时代，随着技术的快速迭代和新兴产业的不断涌现，对劳动者的技能要求发生了显著变化。传统的职业技能逐渐难以满足新兴数字经济岗位的需求，而数字技能则成为劳动者走上这些岗位、实现职业发展的关键因素。因此，劳动者个体层面的适应性调整的首要任务，是不断学习和提升自己的数字技能。劳动者通过参加在线课程、职业培训、工作坊等，积极掌握数据分析、编程、人工智能等前沿数字技能。这些技能不仅有助于劳动者在现有岗位上提高工作效率，更为他们打开了通往新兴数字经济岗位的大门。同时，劳动者还注重培养自身的创新思维和解决问题的能力，以适应数字经济时代对复合型人才的需求。劳动者个体的适应性调整，不仅提升了自身的核心竞争力，也为劳动力市场的整体转型提供了动力。随着越来越多劳动者掌握数字技能，劳动力市场的结构将逐渐优化，为数字经济的持续发展提供有力的人才支撑。

2. 企业、教育机构与行政部门层面的适应性调整：加强数字技术培训与制度支持

面对数字经济的挑战，企业、教育机构和行政部门积极进行适应性调整，以支持劳动力市场的转型和升级。企业在招聘新员工时，越来越注重其数字技能和创新能力，同时也在内部加强员工的数字技术培训。企业通过设立培训部门、引入外部专家、建立在线学习平台等方式，不断提升员工的数字素养和业务能力，以适应数字经济时代的企业运营需求。这种培训不仅有助于提升企业的竞争力，还能促进员工个人的职业发展和成长。教育机构则根据

数字经济的需求，调整课程设置和教学方式，加强数字技能和创新能力的培养。通过与企业合作、开展实践教学、引入先进的教学技术等方式，教育机构努力为学生提供与数字经济时代相适应的教育和培训。这种调整有助于培养更多具备数字技能和创新能力的人才，为劳动力市场的转型提供人才保障。行政部门则通过出台相关制度，支持数字经济的发展和劳动力市场的适应性调整，制定数字经济发展规划、提供财政支持、优化营商环境等措施，为数字经济的繁荣发展提供有力的保障。同时，行政部门还加强了对劳动力市场的监管和调控，推动劳动力市场的公平竞争和有序发展。这些制度措施有助于构建良好的数字经济生态，促进劳动力市场的顺利转型和升级。

（二）劳动力市场与数字经济的协同发展

1. 数字经济的发展为劳动力市场注入新活力

数字经济以独特的技术创新和应用模式，为劳动力市场带来了前所未有的变革。首先，数字经济的发展催生了大量新兴行业和岗位，如大数据分析、云计算、人工智能等，为劳动者提供了丰富的就业机会。这些新型岗位不仅要求劳动者具备高超的数字技能，还强调创新思维和解决问题的能力，从而推动劳动力市场朝更高质量、更高效率的方向发展。其次，数字经济通过提高生产效率、优化资源配置等方式，提升了整体经济的运行效率，进而促进了劳动力市场的繁荣。数字技术的应用使得企业能够更精准地把握市场需求，优化生产流程，提高产品质量和服务水平，从而创造更多的就业机会和提高就业质量。同时，数字经济还推动了传统产业的转型升级，使得传统行业也能在数字技术的助力下焕发新的生机，进一步拓宽了劳动者的就业渠道。

2. 劳动力市场的适应性调整为数字经济提供人才支撑

劳动者通过不断学习和提升自己的数字技能，努力适应新的就业需求，这种适应性调整不仅体现在技能的提升上，还体现在思维方式和工作模式的转变上。劳动者需要具备更强的学习能力和创新意识，以应对数字经济时代不断变化的挑战。同时，企业和教育机构也在积极加强数字技术培训，为劳动者提供多样化的学习资源和培训机会。这种培训不仅有助于提升劳动者的数字素养和业务能力，还能促进他们的职业发展和成长。在企业和教育机构的共同努力下，劳动力市场逐渐形成了与数字经济相适应的人才供给体系，为数字经济的持续发展提供了有力的人才支撑。劳动力市场的适应性调整还体现在劳动力流动和资源配置的优化上。随着数字经济的不断发展，劳动力市场的流动性逐渐增强，劳动者更容易跨行业、跨地区流动，寻找更适合自己的工作岗位和职业发展机会。这种流动性有助于优化劳动力资源配置，提高劳动力市场的效率和竞争力，进而推动数字经济的持续发展。

三、数字经济与劳动力市场互动机制的理论分析

（一）技术进步与就业创造效应

1. 技术进步催生新职业岗位，拓宽就业渠道

随着数字技术的快速发展和普及，大数据分析、云计算、人工智能、物联网等新兴领域不断涌现，为就业市场带来了前所未有的机遇。这些新兴领域的发展，直接催生了大量与之相关的职业岗位，如数据科学家、机器学习工程师、云计算专家等。这些新职业岗位不仅要求劳动者具备扎实的数字技术基础，还强调创新思维和跨学科能力，为劳动力市场注入了新的活力。新职业岗位的涌现，为劳动者提供了更多的就业选择和更大的发展空间。传统行业中的劳动者可以通过学习和掌握数字技术，到新兴领域就业，实现职业路径的多元化。同时，新兴领域的快速发展也为创业者提供了广阔的舞台，鼓励他们利用数字技术创新创业，进一步拓宽了就业渠道。

2. 高技能人才需求增加，提升就业质量

随着数字技术的深入应用，企业对劳动者的技能要求越来越高，特别是对具备数字技术、创新能力和跨学科知识的高技能人才的需求尤为迫切。这种需求不仅体现在新兴领域，也渗透到传统行业的转型升级中。高技能人才在就业市场上具有更强的竞争力和更高的薪资待遇。他们通常能够从事更复杂、更具挑战性的工作，获得更高的职业成就感和满足感。同时，高技能人才需求的增加也推动了劳动力市场朝更高质量、更高效率的方向发展，促进

了整体就业水平的提升。为了满足高技能人才的需求，企业和教育机构不断加强数字技术培训的教育投入。企业通过内部培训、外部合作等方式，提升员工的数字技能和创新能力；教育机构则调整课程设置，加强实践教学，培养更多符合市场需求的高技能人才。这些举措不仅有助于缓解就业压力，还提高了劳动者的整体素质和就业质量。

（二）就业极化现象与劳动力市场结构性变革

1. 高技能人才：就业机会增加与收入水平提升

随着数字技术的迅猛发展，人工智能、大数据分析、云计算等前沿领域对高技能人才的需求激增。这些领域不仅要求从业者具备深厚的专业知识，还需掌握先进的数字技术工具，具有灵活的创新思维和问题解决能力。因此，拥有上述技能的高技能人才在就业市场上获得了前所未有的青睐，其就业机会显著增加。更为重要的是，高技能人才因在数字经济中占据核心地位，往往能够获得更高的薪酬待遇和更广阔的发展空间。企业为了吸引和留住这类人才，不惜提供优厚的薪资、福利以及职业发展机会，进一步提高了高技能人才的收入水平。这种趋势不仅体现在新兴的数字行业，也渗透到传统行业的数字化转型过程中，使得高技能人才成为整个就业市场中的"香饽饽"。

2. 低技能劳动者：就业机会与收入水平的双重挑战

随着自动化、智能化技术的广泛应用，许多传统行业中的低技能岗位被机器或算法取代，导致低技能劳动者的就业机会大幅减少。同时，由于数字技术的快速迭代，低技能劳动者往往难以跟上技术发展的步伐，其在就业市场上的竞争力逐渐减弱。此外，低技能劳动者的收入水平也受到数字经济的冲击。由于高技能人才在就业市场上的稀缺性和高价值，企业往往更愿意将资源投入到高技能人才的招聘和培养上，而对低技能劳动者的薪资和福利投入则相对减少。这种趋势进一步加剧了低技能劳动者与高技能劳动者的收入差距，使前者面临更大的经济压力和生活困境。

3. 数字经济推动劳动力市场结构性变革

数字经济的发展不仅加剧了就业极化现象，还推动了劳动力市场的结构性变革。为了适应数字经济发展的需求，劳动者必须不断提升自身的数字技能和创新能力，以在竞争激烈的就业市场中立于不败之地。这要求教育体系、培训机构以及行政部门等相关部门加强合作，为劳动者提供多样化的数字技能培训和教育资源，帮助其提高就业竞争力和适应能力。同时，行政部门和社会各界也应关注低技能劳动者的就业问题，通过制度扶持、职业培训、社会保障等措施，帮助其实现就业转型和收入提升。只有这样，才能缓解数字经济带来的就业极化现象，实现劳动力市场的平衡发展和社会经济的和谐稳定。

（三）劳动力市场配置效率的提升

1. 数字经济降低搜寻成本，提升劳动力市场配置效率

在线招聘平台、远程工作平台、自由职业者市场等新型就业模式应运而生，为求职者提供了更多元化的选择空间，同时也降低了传统就业模式中的地理、时间等限制。这些平台的出现，使得岗位信息更加透明，便于求职者快捷地获取到适合自己的工作机会，从而大大降低了岗位搜寻成本。同时，数字经济还通过大数据分析、人工智能等先进技术，实现了对劳动力市场供需双方的精准匹配。企业可以依托平台数据，快速筛选出符合需求的候选人，提高了招聘效率；而求职者能根据自己的技能、经验等条件，精准定位到适合自己的岗位，减少了盲目投递和等待的时间成本。这种高效的匹配机制，极大地提升了劳动力市场的配置效率，促进了人力资源的合理流动与优化配置。

2. 数字经济保障稳岗率，促进灵活就业与优化全球资源配置

数字经济平台通过监测与升级机制，不断优化服务流程，提高用户体验，从而增强了平台的吸引力和黏性。这不仅有助于稳定现有岗位，还能吸引更多新用户加入平台，形成良性循环。同时，平台还提供了一系列保障措施，如职业培训、权益保护等，为灵活就业者提供了更加稳定的工作环境和收入保障。此外，数字经济跨越国界，推动了全球劳动力市场配置效率的提升。随着互联网技术的普及和全球化进程的加速，越来越多的企业开始在全球范

围内寻找合适的人才。数字经济平台为跨国招聘提供了便利条件，使得企业可以轻松接触到全球范围内的优秀人才，实现了资源的全球优化配置。这种跨国界的就业模式，不仅为企业带来了更多元化的人才选择，也为求职者提供了更广阔的发展空间和更多的就业机会。

第四节　数字经济对就业理论的挑战与创新

一、数字经济对就业理论的挑战

（一）就业形态与劳动关系的变革

1. 就业形态的多样化与传统就业理论的局限性

随着数字经济的蓬勃发展，远程办公、灵活就业、共享经济等新型就业模式如雨后春笋般涌现。这些新模式以独特的魅力和灵活性，深刻改变了传统就业市场的格局。它们打破了传统就业对时间和空间的严格限制，为劳动者提供了前所未有的自由选择权，使得工作地点和时间不再是束缚个人职业发展的桎梏。然而，这种就业形态的多样化对传统就业理论带来了严峻的挑战。传统就业理论大多基于稳定的劳动关系和固定的工作场，其核心假设在于劳动者与雇主之间存在长期、稳定的契约关系，以及工作场所的固定性。然而，在数字经济时代，这些核心假设正逐渐被打破。新型就业模式的出现，使劳动关系变得更加动态和多变，工作场所也趋于虚拟化，这无疑对传统就业理论的解释力和指导力带来了严峻的考验。具体来说，传统就业理论在解释新型就业形态时存在明显的局限性。例如，它难以充分阐释远程办公对劳动者工作效率与生活质量的影响，也无法有效指导灵活就业模式下的职业规划与发展。此外，共享经济等新兴模式的出现，对传统就业市场中的岗位设置、薪资水平等产生了深远影响，而这些影响在传统就业理论中并未得到充分关注和探讨。

2. 劳动关系的复杂性与传统理论的挑战

与传统的清晰界定不同，现代劳动关系在数字经济背景下呈现出模糊和多维的特点。特别是在平台经济中，劳动者可能同时为多个平台提供服务，与平台之间的关系难以简单地界定为雇佣或非雇佣。这种复杂性的增加，不仅使得劳动者在权益保护方面面临更多挑战，也对传统就业理论中关于劳动关系协调的内容提出了疑问。具体来说，传统就业理论在应对劳动关系的复杂性时面临诸多困境。首先，传统就业理论中的劳动者权益保护机制主要基于明确的雇佣关系的构建，而在数字经济时代，这种明确的雇佣关系正逐渐被消解。这使得劳动者在权益受损时难以获得有效的法律支持和保护。其次，传统就业理论在劳动关系协调方面主要依赖于工会等组织的力量，但在新型就业模式下，工会的地位和影响力受到严重削弱。这导致劳动者在与雇主或平台的博弈中处于相对弱势的地位。

（二）技能需求与职业结构的重塑

1. 数字经济下技能需求的转变与传统教育培训体系的挑战

大数据、云计算、人工智能等先进技术的广泛运用，不仅改变了传统行业的运营方式，更对劳动者的技能提出了新的要求。如今，拥有数字技能和创新能力已成为劳动者在就业市场中的核心竞争力。数字技能如数据分析、编程、网络安全等，已成为多个行业的基础能力需求，而创新能力则是推动数字经济发展的关键动力。然而，面对快速转变的技能需求，传统教育培训体系显得"力不从心"。长期以来，传统教育培训体系注重的是基础知识和专业技能的传授，而对于数字技能和创新能力的培养则相对滞后。这种滞后不仅表现在课程更新的速度上，更体现在教学方法和师资力量的配置上。因此，当数字经济对技能需求提出新要求时，传统教育培训体系往往难以迅速作出调整，导致技能供需之间出现严重的失衡现象。这种失衡现象对传统就业理论中关于人力资源开发、职业培训等方面的内容提出了严峻挑战。传统就业理论在人力资源开发和职业培训方面的理念和方法，多基于稳定的职业环境和明确的技能需求构建。然而，在数字经济时代，职业环境的稳定性和技能需求的明确性都在逐渐减弱，这无疑要求对传统就业理论进行反思和更新。

2. 数字经济驱动下的职业结构重塑与传统职业分类的挑战

数字经济不仅改变了技能需求，更推动了职业结构的深刻重塑。一方面，随着数字化进程的加速，新兴职业如数据分析师、网络工程师、数字营销专家等不断涌现，并迅速成为就业市场的新热点。这些新兴职业往往要求劳动者具备高度专业化的知识和技能，以适应数字经济的快速发展。另一方面，传统职业如制造业工人、传统服务业从业者等则面临着岗位减少或转型的压力。在数字经济的冲击下，一些传统行业逐渐失去竞争力，导致相关岗位缩减甚至消失。同时，为了适应数字经济的发展，许多传统职业也需要进行技能升级和转型。这种职业结构的变化对传统就业理论中关于职业分类、职业发展路径等方面的内容提出了挑战。传统就业理论中的职业分类体系往往基于传统行业和职业特点构建，难以充分涵盖数字经济时代的新兴职业和岗位。同时，在职业发展路径方面，传统理论也面临着指导力不足的困境。在数字经济时代，劳动者的职业发展路径变得更加多元和灵活，不再局限于传统的线性晋升模式。

（三）就业市场的不确定性与风险

1. 技术进步与市场竞争带来的就业稳定性挑战

在数字经济时代，技术的飞速进步与市场竞争的日益激烈共同构成了就业市场的不确定性。然而，技术进步亦带来了显著的"创造性破坏"效应，即新技术在创造新的就业机会的同时，也在"破坏"着传统的就业岗位。因此，劳动者在职业发展中面临着前所未有的岗位变动与技能更新压力。同时，市场竞争的加剧使得企业为了维持或提升市场份额而不断调整经营策略，这种调整往往直接影响到劳动者的就业稳定性。在市场竞争的压力下，企业可能更倾向于采用灵活用工的方式，以降低人力成本并快速响应市场变化。这种趋势导致劳动者面临更频繁的岗位转换，传统的长期、稳定的雇佣关系逐渐让位于短期、项目化的工作安排。就业稳定性的下降对传统就业理论中强调的稳定雇佣关系、职业发展路径连续性等观点提出了挑战。传统理论在构建时往往基于相对稳定的市场环境和可预测的职业发展轨迹，而在数字经济时代，这些前提假设逐渐失效。

2. 新型就业形态的风险与传统劳动保障体系的不完善

数字经济时代催生了诸多新型就业形态，如灵活就业、共享经济、远程办公等，为劳动者提供了更为多样化和个性化的就业选择。然而，这些新型就业形态在带来机遇的同时，也伴随着一系列风险。由于多数灵活就业岗位缺乏稳定的薪资和福利保障，劳动者的收入往往随着项目需求、市场波动等因素而大幅变化。这种收入的不稳定性不仅影响了劳动者的生活品质，也对其长期职业规划构成了挑战。传统就业形态中，企业通常为员工提供完善的社会保险和福利制度，以保障其基本生活需求并抵御潜在风险。然而，在新型就业形态下，许多劳动者因无法进入传统的社保体系而面临保障缺失的困境。这不仅加剧了劳动者的个体风险，也可能对社会稳定构成潜在威胁。这种新型就业形态带来的风险对传统就业理论中有关劳动保障、福利制度等内容提出了严峻挑战。传统理论在构建劳动保障体系时往往基于稳定的雇佣关系和明确的责任主体，而在数字经济时代，这些基础条件正逐渐发生变化。因此，需要重新审视并更新传统理论中的相关观点，以更好地适应数字经济时代就业市场的新变化。

（四）理论与制度调整的滞后性

1. 认知滞后：对新型就业形态与劳动关系的理解不足

在数字经济的浪潮下，就业市场涌现出大量新型就业形态，如远程工作、平台经济、零工经济等。它们以灵活、高效、个性化的特点吸引了大量劳动者参与。然而，这些新型就业形态往往与传统就业理论和制度框架中的"标准雇佣关系"存在显著差异，导致传统理论在解释和指导这些新型就业形态时显得"力不从心"。具体而言，传统就业理论主要基于稳定的、长期的雇佣关系构建，强调劳动者与雇主之间明确的权责关系。然而，在数字经济时代，新型就业形态往往呈现出更为灵活和多元化的特点，劳动关系也变得更加复杂和模糊。例如，在平台经济中，劳动者与平台之间的关系可能既非传统的雇佣关系，也非简单的劳务关系，而是一种新型的合作或共生关系。这种关系的模糊性使得传统就业理论在界定劳动者权益、保障劳动条件等方面面临挑战。此外，新型就业形态的发展速度远超传统理论和制度的更新速度，导致后者在认知上存在明显的滞后。这种滞后不仅影响了理论和制度对新型就业形态的有效指导，也可能阻碍数字经济的健康发展和社会福利的整体提升。

2. 应对滞后：技能需求变化与职业结构调整的缓慢响应

数字经济的快速发展不仅改变了就业形态，也对劳动者的技能需求和职业结构产生了深远影响。一方面，随着大数据、云计算、人工智能等技术的普及，越来越多的岗位要求劳动者具备数字技能和跨学科知识；另一方面，传统行业在数字技术的冲击下不断重组和转型，导致部分传统职业逐渐衰退甚至消失，同时新兴职业不断涌现。然而，面对这些变化，传统就业理论和制度往往在应对上表现出滞后性。首先，在教育和培训领域，传统体系往往难以迅速调整课程内容和教学方法，导致技能供需失衡和人力资源浪费。其次，在职业规划和指导方面，传统理论基于过去的职业分类和发展路径构建，难以充分反映数字经济时代的新趋势和新机遇，从而限制了劳动者的职业选择和发展空间。最后，在劳动制度制定和执行层面，由于缺乏对数字经济特征的深入理解和前瞻性思考，相关制度往往难以有效应对职业结构调整带来的挑战，如失业问题、收入不平等问题等。

二、数字经济对就业理论的创新

（一）就业形态与劳动关系的多元化

1. 就业形态的多元化与灵活性的增强

数字经济的高速发展打破了传统就业模式中的时间和空间限制，引领了就业形态的多元化变革。这一变革具体表现在远程办公、在线兼职、自由职业等新型就业形态的快速涌上。这些新模式为劳动者带来了前所未有的就业选择灵活性。劳动者不再受限于特定的办公地点和固定的工作时间，而是可以根据个人的实际情况和需求，选择最适合自己的工作模式。这种多元化的就业形态，不仅极大地拓宽了劳动者的就业渠道，还赋予了劳动者更多的自主权和选择权。劳动者可以根据自身的特长、兴趣以及生活节奏，灵活选择工作类型和工作时间，从而更好地实现工作与生活的平衡。例如，一位擅长编程的自由职业者，可以选择在家办公，为多家公司提供技术服务，既充分发挥了专业技能，又享受到工作的自由和灵活性。然而，这种多元化的就业形态对传统就业理论提出了新的挑战。传统就业理论往往基于稳定的、长期的雇佣关系构建，而数字经济下的就业形态则更加灵活和多变。因此，就业理论研究需要拓展视野，将这些新型就业形态纳入研究范围，以便更准确地反映和指导当前的就业市场。

2. 劳动关系的变革与松散动态化的趋势

在数字经济时代，以雇主为核心、以长期稳定的雇佣为特征的传统劳动关系逐步被以项目或任务为导向、更加灵活松散的劳动关系所取代。在这种新型的劳动关系中，劳动者与雇主之间的关系变得更加动态和多变，双方更多地基于特定的项目或任务来达成合作协议，而非签订传统的长期雇佣合同。这种劳动关系的变革，反映了数字经济时代企业对灵活性和效率的追求。企业可以根据市场需求和业务变化，快速调整其人力资源配置；而劳动者可以根据个人兴趣和能力，选择参与不同的项目和任务。然而，这种松散的劳动关系也带来了一系列新的问题和挑战，如劳动者权益的保护、社会保障制度的适用等。传统就业理论在面对这种新型劳动关系时，同样需要进行创新和调整。理论界需要深入探讨这种松散、动态的劳动关系对劳动者权益、社会保障等方面的影响，以及如何在这种新的劳动关系模式下保障劳动者的合法权益。同时，也需要研究如何构建更加灵活和有效的社会保障制度，以适应数字经济时代劳动关系的变革。

（二）技能需求与职业发展的动态化

1. 技能需求的快速变化与教育和培训体系的挑战

在数字经济时代，随着大数据、云计算、人工智能等前沿技术的广泛应用，技能需求呈现出前所未有的快速变化和不断升级的特点。这种变化不仅体现在对数字技能的高度需求上，更表现在跨学科知识融合的必要性上。现代工作岗位要求劳动者具备多元化的技能，包括数据分析、编程能力、创新思维以及跨学科解决问题的能力等。技能需求的动态化对劳动者提出了持续学习和自我更新的要求。劳动者必须紧跟技术发展的步伐，更新自身的知识体系，以适应不断变化的工作环境。同时，这也对传统的教育和培训体系提出了严峻的挑战。传统的教育和培训模式往往侧重于知识的单向传授，而缺乏灵活性和前瞻性，难以迅速调整课程内容和教学方法，无法适应新的技能需求。因此，就业理论在技能需求方面的创新至关重要。理论界需要深入研究数字经济时代的技能需求特点，探索如何构建更加灵活、开放和具有前瞻性的教育和培训体系。这包括利用在线教育平台、开展校企合作、推广终身学习理念等多种方式，以满足劳动者不断变化的技能需求，并帮助他们更好地适应数字经济时代的工作环境。

2. 职业发展的多元化与就业市场的繁荣

由于数字技术的跨界性和融合性，不同行业之间的界限逐渐模糊，为劳动者提供了更多的职业转换和晋升机会。掌握多化技能的劳动者可以在不同行业之间自由流动，实现职业的多元化发展。同时，数字经济还催生了大量新兴职业和岗位，如数据分析师、人工智能工程师、数字营销专家等，为劳动者提供了更多的职业选择和更大的发展空间。这些新兴职业往往具有高薪、高需求、高成长性的特点，成为就业市场中的热门选择。然而，职业发展的多元化也对就业理论提出了新的要求。传统职业发展理论往往基于线性的晋升路径构建，而数字经济时代的职业发展则更加复杂和多变。因此，理论界需要关注劳动者的多元化职业发展路径，研究如何为他们提供更多的晋升机会和职业转换支持。此外，制度制定者也需要根据数字经济时代的特点，制定相应的就业制度，以促进劳动者的全面发展和就业市场的繁荣。政府部门应采取加强职业技能培训、推广灵活就业模式、完善社会保障体系等多种措施，为劳动者创造更加公平、开放和有利于职业发展的就业环境。

（三）跨国就业与全球劳动力市场的形成

1. 跨国就业的新机遇与全球劳动力市场的构建

在数字经济时代，由于信息技术的迅猛发展和全球化的深入推进，跨国就业已成为现实，并日益成为劳动力市场的新常态。数字经济的全球性和跨国界性特征给劳动者带来了前所未有的机会。通过互联网等信息技术手段，他们能够在全球范围内搜索并抓住工作机会，实现跨国界的职业发展。这种新型的就业模式不仅极大地增加了劳动者的就业选择和收入来源，更为全球范围内的人才流动和资源配置注入了新的活力。跨国就业的兴起，标志着全球劳动力市场在逐步形成。在这一市场中，劳动者不再受地域限制，可以根据自身的专业技能和兴趣，选择最适合自己的工作岗位，无论这个岗位在国内还是在国外。同时，企业也能够更加灵活地调整其人力资源配置，在全球范围内吸引和选拔优秀人才，以提升竞争力。

2. 就业理论的国际视野拓展与创新需求

传统就业理论需要拓展国际视野，将跨国就业和全球劳动力市场纳入研究范畴。就业理论研究不仅要关注国内就业市场的动态，还要对国际就业市场的趋势有深入的了解和分析。随着跨国就业的普及，劳动者权益保护和国际劳工标准等问题日益凸显。在跨国就业中，劳动者可能面临工资拖欠、劳动条件恶劣、社会保障缺失等风险。因此，就业理论需要深入探讨如何在跨国就业中保障劳动者的合法权益、推动国际劳工标准的制定和实施，以促进全球劳动力市场的健康发展。此外，数字经济时代下的国际人才竞争和人才培养问题也不容忽视。随着全球经济的深度融合，各国对高素质人才的需求日益旺盛。在激烈的国际竞争中吸引和培养优秀人才，成为提升国家竞争力的重要一环。因此，就业理论还需要关注国际人才市场的动态，为构建更加开放和包容的全球劳动力市场提供理论支持。

第二章 数字经济对劳动力就业总量的影响

第一节 数字经济创造的新就业机会概述

一、数字平台企业促就业的新岗位需求

在数字经济浪潮的推动下，数字平台企业已成为吸纳高校毕业生就业的重要力量，其就业促进效应体现在自有员工吸纳、平台创业与新职业催生以及生态上下游就业带动三个核心层面。具体而言，数字平台企业不仅直接雇佣大量高校毕业生作为技术研发、市场运营、客户服务等岗位的专业人才，还通过构建开放包容的创业生态系统，为青年学子提供了广阔的创业舞台和多样化的新职业选择。《电子商务平台大学生就业创业研究报告 2022》的权威数据显示，高校毕业生在淘宝店主群体中的占比达到 5.1%，且每个淘宝店铺平均能为 3.7 名大学生提供就业机会，这一数据生动展现了数字平台对青年就业的显著拉动作用。实践中，高校毕业生依托数字平台的资源与技术支持，积极探索新兴商业模式。例如，阳台经济中的桌面绿植创业项目，不仅满足了现代都市人对绿色生活的向往，也为创业者带来了数十万元的启动资金。同时，随着人工智能技术的不断成熟，数字化管理师这一新兴职业应运而生，吸引了众多具备数据分析、运营管理能力的毕业生。此外，简历优化师、小程序开发师、区块链工程师等新职业的兴起，不仅反映了数字经济时代对专

业技能的新需求，也为高校毕业生提供了多元化的职业路径，使他们能够在数字经济的大潮中找到适合自己的职业，实现个人价值与社会贡献的双重提升。

二、数字经济推动传统行业转型升级带来的就业机会

随着数字技术的日新月异，传统行业正面临前所未有的变革契机。数字经济作为这一转型过程的核心驱动力，不仅深刻重塑了产业格局，还催生了一系列新兴职业与更多就业机会，为劳动力市场注入了新的活力。互联网作为数字经济的典型代表，其强大的渗透力与连接性，有效打破了传统产业间的界限与壁垒，促进了信息、资本、技术等生产要素的跨行业流动，明显加快了各行各业的数字化转型步伐。在这一背景下，电子商务的蓬勃兴起成为推动传统零售企业转型升级的关键力量。众多零售巨头纷纷布局线上，构建全渠道营销体系。在这一过程中，电子商务运营人员、数据分析师、物流管理人员等新型岗位需求激增，为求职者开辟了广阔的就业空间。电子商务运营人员需具备市场分析、产品推广、客户服务等多方面能力，以确保线上业务的高效运行；而物流人员的优化配置，则是保障电子商务交易顺畅进行的关键一环。此外，数字经济时代，人工智能、大数据、云计算等前沿技术的融合应用，正逐步改变传统行业的生产方式与管理模式，推动生产流程智能化、管理决策数据化，进而创造出更多高薪、高技能的工作岗位。这些岗位不仅要求从业者具备扎实的专业知识与技能，还要求其具备持续学习能力与创新能力，以适应快速变化的技术环境。因此，数字经济的蓬勃发展，不仅为传统行业转型升级提供了强大动力，也为劳动力市场带来了结构性变革与升级，促进了人才结构与产业需求的深度匹配。

三、新型互联网行业带来的就业机会

数字经济的迅速崛起，不仅重塑了传统行业格局，还催生了一系列新兴互联网行业，为就业市场带来了前所未有的活力与机遇。在数字化时代，智能手机、个人电脑等智能终端设备的广泛普及，加之高速互联网连接的覆盖，

使得人们能够突破时空限制，随时随地接入网络世界。这一变化极大地推动了互联网行业的爆炸式增长。在此背景下，一系列新兴职业应运而生，如App开发人员、互联网营销专家、软件工程师等，他们凭借深厚的技术功底与创新能力，在移动应用、数字营销、软件开发等领域发挥着不可替代的作用，成为数字经济时代的中坚力量。同时，随着数字技术与各行各业的深度融合，在线教育、在线医疗、在线旅游等新兴领域迅速崛起。这些领域不仅满足了人们对便捷、高效服务的需求，也创造了大量新的就业岗位。内容创作者、在线导师、网络运营人员等，在这些新兴行业中扮演着至关重要的角色，他们通过创作高质量的内容、提供个性化的教学服务、优化用户体验等方式，促进了知识的传播、服务的升级与行业的创新。

四、数字经济促进创业创新

数字经济的发展为创业活动开辟了前所未有的广阔空间，显著降低了创业门槛，为创业者提供了丰富的机会与可能性。在数字经济时代，数字技术与互联网平台的融合，为创业者营造了一个低成本、高效率的业务开展环境。相较于传统创业模式，数字经济下的创业者能够依托云计算、大数据、人工智能等先进技术，以更低的初始投入快速启动项目，实现产品原型设计、市场测试、用户反馈收集等关键环节的迭代优化，极大地缩短了产品从构思到市场投放的周期。众筹、共享经济、电子商务平台等新兴数字经济模式的涌现，进一步拓宽了创业者的融资渠道与市场边界。众筹平台为初创企业提供了直接面向公众筹集资金的新途径，降低了对传统金融机构的依赖；共享经济模式则通过资源的高效配置，帮助创业者以更少的资源投入实现业务规模的快速扩张；而电子商务平台则作为连接消费者与商家的桥梁，为创业者提供了更多的市场接入点，以及基于数据分析的精准营销工具，有效提升了市场渗透率与品牌影响力。此外，数字技术的应用还加速了创新型企业的崛起，培养了一大批具有全球竞争力的独角兽企业。这些企业在人工智能、生物科技、新能源等领域展现出强大的创新能力与增长潜力，不仅为创业者提供了丰富的就业机会，还通过技术溢出效应与产业联动，带动了整个经济体系的转型升级，促进了社会经济的持续健康发展。

五、数字经济下的灵活就业模式

数字经济的发展不仅重塑了就业市场的结构，还催生了更为灵活多样的工作方式与工作机会，如远程办公、在线兼职、自由职业等新就业形态。这些变化深刻影响了现代人的工作模式与生活方式，促进了就业与生活的和谐统一。远程办公模式的兴起，得益于高速互联网、云计算、协作软件等数字技术的支持，使得员工无须在特定的物理空间，即可高效完成工作任务。这不仅降低了通勤成本与时间消耗，还赋予了个人更大的工作自主权与灵活性，有助于提升工作满意度与生活质量。在线兼职与自由职业作为数字经济时代的一大显著特征，为拥有特定技能或兴趣爱好的人提供了展示才华、实现经济独立的平台。通过在线平台，个人可以根据项目需求灵活接单，自主选择工作时间与地点，这种"按需工作"的模式极大地丰富了就业选择的多样性，满足了现代人追求工作与生活平衡的需求。以外卖骑手、网约车司机为代表的新职业群体，是数字经济与实体经济深度融合的产物。这些职业依托移动互联网平台，实现了服务供需的高效匹配，劳动者可以根据个人情况灵活安排工作时间与地点，既满足了城市居民即时服务的需求，也为劳动者提供了相对自由、收入可观的工作机会，体现了数字经济在促进灵活就业、提高个人生活质量方面的积极作用。综上所述，通过创新就业模式，数字经济不仅拓宽了就业渠道，还促进了个人发展与社会进步的良性互动。

六、数字经济对数字技术人才的需求

数字经济，作为当代社会变革的重要驱动力，其发展对人才结构与需求提出了全新且更高的要求，特别是在数字技术人才的培养方面产生了显著影响。在这一时代背景下，软件工程师、数据分析师、网络安全专家等掌握高度专业化数字技术的人才成为市场的迫切需求。他们在推动技术创新、优化业务流程、保障信息安全等方面发挥着至关重要的作用。为了应对这一挑战，高等教育体系与互联网产业实现了深度融合与协同发展。众多高校积极响应市场需求，纷纷开设与数字经济紧密相关的专业，如计算机科学与技术、数据科学与大数据技术、信息安全等，旨在通过系统化的理论教学与实践训练，培养具备扎实理论基础与实战能力的数字技术人才。此外，高校还积极与企业建立合作关系，通过实习实训、联合项目、职业培训等多种形式，为学生提供接触行业前沿、解决实际问题的机会，有效缩短了理论知识与实际应用之间的距离，增强了学生的就业竞争力。这种产、学、研深度融合的教育模式，不仅为数字经济领域输送了大量高素质的专业人才，还促进了科研成果的快速转化与产业升级，形成了人才培养与产业发展的良性循环。因此，数字经济的发展不仅是对传统就业模式的颠覆，更引领了教育体系与人才培养机制的深刻变革。它要求教育系统与产业界持续对话与合作，不断创新教育模式，以适应快速变化的技术环境与经济需求，共同推动数字经济的可持续发展与社会的整体进步。

七、数字经济下的就业形态变化

在数字经济时代，就业机会的版图已远远超出传统行业的范畴，呈现出向更加专业化、技术化领域拓展的鲜明趋势。互联网的广泛普及与深入渗透，极大地降低了创业的信息获取成本、资金门槛及市场进入壁垒，从而激发了年青一代的创业热情，使他们更倾向于主动寻找创业机会，以期在数字经济的大潮中实现个人价值与梦想。在此背景下，创业者被赋予了新的时代特征，即需具备高度的创新思维与敏锐的市场洞察力，这成为在激烈的市场竞争中脱颖而出的关键。他们不仅需要不断探索新颖独特的商业模式，以适应快速变化的市场需求，还需要主动挖掘数字经济带来的新型就业机会，如利用大数据分析优化用户体验、通过人工智能技术开发智能产品等。同时，数字经济浪潮还催生了一系列新兴行业，其中共享经济、虚拟现实等领域尤为引人注目。共享经济借助数字技术实现了资源的高效配置与利用，为创业者提供了低成本启动、快速扩张的可能；而虚拟现实技术则以其沉浸式体验的特性，开辟了娱乐、教育、医疗等多个领域的新天地，为创业者带来了前所未有的想象空间与商业机遇。这些新兴行业的崛起，不仅丰富了数字经济的内涵，也为创业者提供了更加多元、广阔的选择空间，促进了创新创业生态的繁荣与发展。

第二节　数字经济在各行业中的就业创造实例

一、制造业

（一）智能制造与智能工厂

随着"工业4.0"这一前沿理念的深入普及，智能制造技术已成为推动全球制造业转型升级的重要引擎。其核心在于，通过高度集成自动化生产线、先进机器人技术、物联网（IoT）以及大数据分析等现代数字技术，实现对传统制造流程的深度革新与智能化改造。这一系列技术的融合应用，不仅极大地提升了生产流程的自动化水平与运作效率，还显著增强了生产过程的透明度与可控性，使得制造业企业能够更为灵活地应对市场变化与客户需求。在此过程中，智能制造技术的广泛应用不仅未削弱传统制造工人的重要性，反而催生了一系列新兴职业岗位，如机器人操作员、数据分析师、智能系统维护工程师等。这些新兴职业要求从业者具备较高的技术素养与较强的专业技能，以有效支撑智能制造系统的稳定运行与持续优化。以宝沃汽车为例，该企业依托德国先进的"工业4.0"智能制造体系，成功构建了能够灵活生产8种不同车型的柔性生产线。这一创新举措不仅显著提高了企业的生产效率与产品定制能力，还为客户提供了更为丰富多样的个性化选择空间。同时，宝沃汽车的智能制造实践也创造了大量与智能制造紧密相关的高技能就业岗位，为推动地区经济与社会发展注入了新的活力。

（二）数字化供应链管理

数字经济的发展浪潮为制造业供应链的数字化转型带来了前所未有的契机，促使传统供应链管理模式朝更为高效、透明的数字化方向迈进。其中，区块链技术与物联网技术的融合应用，成为推动供应链数字化转型的核心力量。区块链技术，凭借其去中心化、数据不可篡改的特性，为供应链提供了极高的透明度与安全性保障。通过区块链，供应链各环节的信息得以实时记录与追溯，有效降低了信息不对称的风险，增强了供应链各参与方之间的信任。与此同时，物联网技术的广泛应用则实现了对库存的实时监控与管理。通过物联网传感器与智能设备的互联互通，企业能够实时获取库存状态、位置与流动情况，从而更为精准地进行库存管理与决策。这一技术的应用不仅显著提高了库存周转率，还降低了库存成本，提高了供应链的整体运营效率。此外，数字化供应链管理的推进还催生了一系列新型岗位，如供应链分析师、区块链开发者、物联网工程师等。这些新兴职业要求从业者具备跨学科的知识与技能，能够熟练运用数字工具与技术，对供应链数据进行深度挖掘与分析，为企业的供应链管理提供决策支持。同时，他们还需不断追踪新技术的发展趋势，推动供应链管理的持续创新与优化。

二、服务业

（一）电子商务平台与物流

电子商务平台的迅猛崛起，无疑对传统零售业产生了深远的颠覆性影响，不仅重塑了消费市场的格局，还极大地促进了新型就业岗位的诞生与发展。在这一变革过程中，电子商务平台与物流体系的紧密融合，成为推动电子商务行业持续繁荣的关键因素。电子商务平台作为连接消费者与商家的桥梁，其运营、管理、优化等环节均需要专业的技术人才支撑，如电子商务平台运营人员、数据分析师、网络营销专员等。这些新型岗位的出现，不仅要求从业者具备扎实的专业技能，还要求其具备敏锐的市场洞察力与创新能力，以应对电子商务行业发展的日新月异。同时，电子商务的快速发展也极大地推动了物流配送行业的壮大。随着网购需求的不断增长，物流配送员成为电子商务行业中不可或缺的一部分。他们负责将商品从商家手中送到消费者手中，实现电子商务交易的最后一公里服务。此外，像淘宝这样的电子商务平台，还提供了大量网店店主、客服人员、美工设计师等就业岗位。这些岗位不仅为年轻人提供了广阔的就业空间，还激发了他们的创业热情与创新精神。在淘宝平台上，许多年轻人通过开设网店、提供优质服务与独特设计，实现了自我价值与经济收益的双重提升。

（二）共享经济与平台经济

共享经济与平台经济的兴起，标志着数字经济时代资源配置与利用方式的一次深刻变革。这一新型经济模式，以数字技术为支撑，通过构建共享平台，实现了闲置资源的高效匹配与优化配置，极大地提升了资源利用效率，同时也催生了众多新型就业岗位。以共享单车、共享住宿、共享办公等为代表的共享经济模式，便是这一变革的生动体现。在共享经济模式下，共享单车运维人员负责车辆的调度、维护与保养，确保共享单车模式的顺畅运行；共享住宿房东则通过平台将闲置的住宿资源分享给有需求的旅行者，实现了资源的有效利用，获得了额外收益；平台经济数据分析师则运用大数据技术，对平台运营数据进行深度挖掘与分析，为平台的战略决策与优化提供了有力的支持。这些新型岗位不仅灵活多样，满足了现代人追求自由职业与灵活就业的需求，还为劳动力市场注入了新的活力。同时，共享经济与平台经济的发展，也推动了相关产业链的完善与升级，促进了经济的整体增长与社会的全面进步。

三、医疗健康

（一）远程医疗与智慧医疗

远程医疗与智慧医疗，是5G、物联网、大数据等先进技术深度融入医疗卫生领域的直接产物，标志着医疗行业逐步迈向智能化、精准化与高效化的全新发展阶段。这一变革不仅极大地拓宽了医疗服务的边界，还有效缓解了医疗资源分布不均、就医难等长期存在的问题。基于5G网络的高速传输与低延迟特性，远程手术成为可能，医生能够在千里之精准外操控机器人进行手术，为患者带来了福音。同时，在线问诊与远程监护等服务的普及，使得患者能足不出户即可享受到专业的医疗咨询与持续健康监测，极大地提升了医疗服务的便捷性与可及性。这一系列创新应用的背后，是远程医疗技术支持人员、医疗数据分析师、智能医疗设备运维工程师等新型岗位的崛起。远程医疗技术支持人员负责确保远程医疗系统的稳定运行，为远程医疗服务的顺利开展保驾护航；医疗数据分析师则运用大数据技术，对海量医疗数据进行深度挖掘与分析，为临床决策、疾病预防与医疗管理提供科学依据；而智能医疗设备运维工程师，则负责智能医疗设备的日常维护与升级，确保设备始终处于最佳工作状态，为智慧医疗的持续发展提供有力的支撑。

（二）健康管理与个性化医疗

健康管理与个性化医疗的兴起，是可穿戴设备与移动健康应用广泛普及的直接结果。它们共同推动了医疗卫生领域朝更加个性化、精准化的方向发展。这一趋势不仅满足了人们对健康管理的多元化需求，还促进了医疗资源的优化配置与利用。在健康管理方面，可穿戴设备与移动健康应用通过持续监测用户的生理指标、运动习惯与饮食习惯等，收集了大量宝贵的健康数据。基于这些数据，健康管理师能够运用大数据分析技术，为用户提供个性化的饮食、运动与健康管理建议。这种定制化的健康管理方案，不仅提高了用户的健康水平，还增强了他们的健康意识与自我管理能力。在个性化医疗方面，基因测序技术的快速发展为精准医疗提供了可能。通过基因测序，医生能够深入了解患者的遗传信息与基因变异情况，从而为患者制订个性化的医疗方案。基因咨询师作为这一领域的专业人才，负责解读基因测序结果，为患者提供基因健康咨询与个性化医疗建议。他们的工作不仅有助于提高医疗服务的精准性与有效性，还推动了医疗行业的创新发展。

四、教育与培训

（一）在线教育平台

随着互联网技术的迅猛发展与广泛普及，在线教育平台如雨后春笋般蓬勃兴起，成为教育领域的一股重要力量。这些平台借助先进的网络技术，打破了传统教育的时空限制，为学生提供了丰富多样的课程资源与学习途径。在线教育平台不仅涵盖了从基础教育到高等教育的各个阶段，还涉及职业培训、兴趣培养等多个领域，满足了不同学生的多元化需求。在线教育平台创造了大量新型就业岗位，如在线教师、课程开发师、教育技术支持人员等。在线教师作为在线教育平台的核心力量，负责课程的讲授与互动。他们需具备扎实的专业知识、良好的教学能力与网络沟通技巧，以吸引并留住学生。课程开发师则负责课程的设计与制作，包括教学内容的规划、教学资源的整合与教学方法的创新，以确保课程的质量与效果。而教育技术支持人员则负责平台的运行维护与技术支持，确保学生能够顺利进行在线学习。此外，许多高校与企业合作，通过大型开放式网络课程（MOOC）平台提供专业课程与职业培训，进一步推动了在线教育的发展。这种合作模式不仅为学生提供了便捷的学习途径与优质的学习资源，还促进了高校与企业之间的知识交流与资源共享。

（二）职业技能培训

随着数字经济的蓬勃发展与产业结构的不断优化升级，市场对高技能人才的需求日益旺盛。为满足这一需求，职业技能培训机构应运而生，并迅速发展成为教育培训领域的重要组成部分。这些机构专注于提供数据分析、人工智能、网络安全等前沿领域的专业技能培训，旨在帮助求职者提升职业技能、增强就业竞争力。职业技能培训机构通过整合优质教育资源，构建系统化、模块化的课程体系，为学员提供全面、深入的专业技能培训。在培训过程中，职业技能培训机构注重理论与实践相结合，通过案例分析、项目实训等方式，提高学员的实际操作能力与问题解决能力。同时，机构还积极与行业企业合作，开展校企合作、产教融合，为学员提供实习实训、就业推荐等全方位服务。职业技能培训机构的兴起，不仅为求职者提供了提升职业技能的平台，还创造了大量新型就业岗位。例如，职业培训师负责课程的讲授与指导，需具备扎实的专业知识与丰富的教学经验；课程研发员负责课程的设计与开发，需紧跟行业发展趋势，不断更新课程内容与教学方法；就业指导师为学员提供职业规划、求职技巧等方面的指导，帮助学员顺利实现就业。

五、新兴行业

（一）虚拟现实与增强现实

虚拟现实（VR）与增强现实（AR）技术的持续进步与广泛应用，标志着数字交互体验领域的一次重大革新。随着这两项技术的不断成熟与其应用场景的不断拓展，虚拟现实与增强现实行业正在爆发式增长，为多个领域带来了前所未有的变革。在游戏开发领域，VR/AR技术为玩家提供了沉浸式游戏体验，使他们能够身临其境地参与游戏。影视制作则利用VR/AR技术打造出更具视觉冲击力的场景，提升观众的观影感受。教育培训领域也广泛应用了VR/AR技术，通过模拟真实场景与互动体验，提高了教学效果与学员的学习兴趣。旅游体验方面，VR/AR技术则让游客在虚拟环境中预览旅游目的地，增强旅游体验的趣味性与互动性。这一系列创新应用不仅极大地提升了用户体验，还催生了大量新型就业岗位。如VR/AR内容开发者，他们负责设计与开发虚拟现实与增强现实应用的内容，需具备扎实的编程基础与创意设计能力；交互设计师则专注于提升用户与虚拟环境之间的交互体验，确保用户能够流畅地操控虚拟对象；设备运维工程师则负责VR/AR设备的日常维护与升级，确保设备的稳定运行与用户体验的持续优化。

（二）区块链技术

区块链技术作为一种革命性的去中心化分布式账本技术，近年来在多个领域展现出巨大的应用潜力与价值。它以独特的数据结构、共识机制与加密算法，确保了信息的透明性、不可篡改性与安全性，为数字货币、供应链金融、版权保护等领域带来了全新的解决方案。在数字货币领域，区块链技术作为比特币等加密货币的底层技术，实现了去中心化的交易与支付，降低了交易成本，提高了交易效率。在供应链金融领域，区块链技术通过构建可信的供应链信息平台，实现了物流、信息流与资金流的同步，提高了供应链的透明度与协同效率。此外，在版权保护领域，区块链技术为数字作品的版权登记、交易与维权提供了安全、可靠的技术支持。随着区块链技术的不断成熟与应用场景的不断拓展，区块链行业对人才的需求日益旺盛。区块链开发工程师作为区块链技术应用的核心力量，负责区块链平台的搭建、维护与优化，具备扎实的编程基础，掌握区块链技术原理。智能合约编写师则专注于智能合约的设计与开发，确保合约的逻辑正确性与安全性。而区块链安全专家则负责区块链系统的安全评估与防护，以应对日益复杂的网络安全威胁。

（三）数字孪生技术

数字孪生技术作为连接物理世界与数字世界的桥梁，通过构建物理世界的高精度数字镜像，实现了对实体对象的实时监测、优化预测与高效管理。这一技术凭借强大的数据处理、分析与模拟能力，在制造业、智慧城市、医疗健康等多个领域展现出广泛的应用前景与巨大的价值潜力。在制造业中，数字孪生技术被应用于智能制造系统的运维与管理。通过构建生产设备的数字孪生模型，智能制造系统运维工程师能够实时监测设备的运行状态，发现潜在故障，并提前进行维护，从而确保生产线的稳定性与高效性。在智慧城市领域，数字孪生技术为城市管理者提供了全面的城市运行数据与分析工具。智慧城市数据分析师能够利用这些数据，实时监测城市交通、环境、能源等关键指标，为城市规划与决策提供科学依据。此外，在医疗健康领域，数字孪生技术也发挥着重要作用。医疗影像分析师通过构建人体器官的数字孪生模型，能够更准确地分析医学影像数据，辅助医生进行疾病诊断与治疗规划。这不仅提高了医疗诊断的准确性与效率，还为患者提供了更加个性化的医疗服务。随着数字孪生技术的不断成熟与应用场景的不断拓展，相关岗位的人才需求日益旺盛。如智能制造系统运维工程师、智慧城市数据分析师、医疗影像分析师等新型岗位应运而生，这些岗位的工作人员凭借专业的知识与技能，在各自领域发挥着重要作用，推动着行业的创新与发展。

第三节　数字经济对传统就业岗位的替代效应分析

一、数字经济对传统就业岗位的替代效应概述

数字经济发展的核心动力源自数字技术的持续创新与突破，尤其是人工智能、大数据、云计算等前沿技术的蓬勃兴起与深度应用，如同一股强大的驱动力，极大地加快了数字经济的扩张步伐。在此过程中，企业不仅迎来了前所未有的发展机遇，同时也面临着由技术变革所带来的重重挑战。对于就业市场而言，这一技术革命的影响尤为深远。数字技术的广泛渗透与深入应用，不可避免地导致一部分低技能工作岗位逐渐消失。这些岗位往往涉及重复性高、程序化强的工作任务，它们在自动化、智能化技术的冲击下，逐渐被高效、精准的机器或系统所取代。与此同时，数字经济的兴起也催生了对高技能劳动力的强烈需求。新兴的数字产业与业务领域，如数据分析、人工智能研发、云计算服务等，都要求劳动者具备高度专业的知识、技术能力以及创新思维。这一替代效应不仅深刻改变了就业市场的结构，重塑了传统行业与新兴行业的就业格局，而且对劳动者的技能水平提出了更高的要求。为了适应数字经济的发展趋势，劳动者必须不断学习新知识、掌握新技能，以提升自身的就业竞争力与适应能力。因此，数字经济的发展不仅是一场技术革命，更是一场针对劳动力市场与劳动者技能的深刻变革。

二、数字经济对低技能岗位的替代效应

（一）自动化技术对传统制造业的冲击

1. 自动化技术对传统制造业岗位的替代机制

传统制造业岗位，如流水线工人和装配工，其工作内容往往涉及大量重复性操作，如零件的装配、产品的检测等。这些任务不仅耗时费力，而且易于出现人为错误。自动化技术的引入，特别是智能机器人和自动化生产线的

应用，能够高效地执行这些重复性任务，大幅提高生产效率和产品质量。自动化设备和机器人通过精确的控制系统和先进的传感器技术，能够实现 24 小时不间断工作，且错误率极低。它们能够快速适应不同的生产环境和产品规格，灵活调整生产流程，从而显著降低生产成本。因此，在追求高效生产和低成本运营的驱动下，企业倾向于采用自动化技术替代传统的人工操作，导致相关岗位的就业需求逐渐减少。

2. 数字经济与制造业融合对就业市场的影响

中国的制造业与数字经济的融合度已经超过 30%。这一趋势不仅推动了制造业的智能化升级，也导致了就业岗位的重新分配。一方面，自动化技术的广泛应用使得传统制造业岗位大量减少。智能机器人和自动化生产线能够承担原本由人工完成的重复性、程序化工作，导致流水线工人、装配工等岗位的就业需求大幅下降。这种替代效应在制造业中尤为突出，使得大量从事简单生产的劳动者面临失业的风险。另一方面，数字经济的兴起也为制造业带来了新的就业机会。随着智能制造、工业互联网等新兴领域的发展，对高技能劳动力的需求不断增加。例如，智能制造系统的研发、维护和管理需要专业的技术人才；工业互联网平台的运营和优化需要具备数据分析、云计算等技能的人才。因此，虽然传统岗位在减少，但新兴领域的发展为劳动者提供了新的就业方向和职业发展机会。

（二）数字技术对服务业岗位的替代

1. 数字技术如何替代服务业中的重复性岗位

服务业中的许多岗位，尤其是银行柜员和呼叫中心客服，其日常工作往往涉及大量重复性任务。例如，银行柜员需要处理大量存取款、转账等业务，呼叫中心客服则需要回答客户关于产品、服务等方面的常见问题。这些任务对人工操作来说烦琐且耗时，但自动化系统和智能机器人可以通过预设程序和算法来高效完成。随着人工智能、大数据等技术的不断发展，自动化系统和智能机器人已经具备处理复杂任务的能力。它们可以通过学习人类的交互方式，模拟人类的语言和行为，为客户提供几乎与真人无异的服务体验。因此，在追求服务效率和成本控制的驱动下，企业开始采用这些技术来替代传统的人工服务岗位。

2. 数字技术替代服务业岗位的影响及趋势

数字技术对服务业岗位的替代效应是显著的。数字技术不仅改变了服务业的就业结构，还对整个就业市场产生了深远的影响。根据美国劳工部的数据，约47%的工作将在未来20年内被自动化技术所替代，其中包括了后勤服务、交通运输、办公室职员等多个服务业领域。这一趋势表明，随着数字技术的不断进步，越来越多的服务业岗位将被自动化系统和智能机器人所取代。这将对从事这些岗位的劳动者产生巨大的影响，使他们面临失业的风险，或者转行到其他领域。同时，这也将对整个就业市场产生连锁反应，引发一系列经济和社会问题。然而，数字技术的替代效应并非全然负面的。它也为服务业带来了新的发展机遇和就业岗位。例如，随着电子商务、在线支付等新兴业态的兴起，服务业需要大量互联网技术人才、数据分析师、网络安全专家等新型岗位来支撑。因此，面对数字技术的替代效应，服务业的劳动者和企业都需要积极应对。劳动者需要不断提升自己的技能水平和适应能力，以应对就业市场的变化；而企业则需要加强技术创新和人才培养，以适应数字经济的发展趋势。同时，行政部门和社会各界也需要加强制度引导和支持，为服务业的转型升级和劳动者的职业发展提供有力的保障。

三、数字经济对高技能岗位的需求增加

（一）新兴职业的出现与岗位需求的增加

1. 数字经济催生的新兴职业及其特点

数据分析师利用大数据技术和统计学原理，从海量数据中提取有价值的信息，为企业决策提供科学依据；人工智能工程师则专注于设计、开发和优化各种智能系统，推动技术的创新应用；网络安全专家则负责保护网络系统的安全，防范和应对各种网络攻击。这些新兴职业的特点在于其高度的专业性和技术性。从业者不仅需要具备扎实的专业知识，如数学、计算机科学、

信息安全等，还需要不断更新技能，紧跟技术发展的步伐。同时，这些职业也强调创新思维和跨学科合作能力。在解决复杂问题时，从业者需要跳出传统框架，提出新颖的解决方案，并与其他领域的专家紧密合作，共同推动项目的成功实施。

2. 数字经济对高技能劳动力的需求增加及其影响

数据分析师、人工智能工程师、网络安全专家等，已成为市场上的热门岗位。这些岗位不仅为求职者提供了丰厚的薪资待遇，还具有广阔的发展空间和职业前景。随着数字技术的不断发展和应用领域的拓展，这些岗位的需求进一步扩大，为求职者提供了更多的就业机会。数字经济对高技能劳动力需求的增加，也推动了教育和培训体系的变革。为了适应市场需求，高等教育和职业培训机构纷纷调整课程设置，加强相关专业的建设和人才培养。同时，企业也加大了对员工的培训力度，提升员工的数字技能和创新能力。这些举措不仅有助于满足市场对高技能劳动力的需求，也促进了人力资源的优化配置和经济的可持续发展。此外，数字经济对高技能劳动力的需求增加，还带来了就业结构的深刻变化。传统行业中的低技能岗位逐渐被替代，而新兴行业中的高技能岗位则不断涌现。这种变化要求劳动者不断提升自己的技能水平，以适应市场的变化。同时，行政部门和社会各界也需要加强对数字经济的支持和引导，为新兴职业的发展创造良好的环境和条件。

（二）数字技术对高技能岗位的提升

1. 数字经济推动传统行业技能要求的升级

在数字经济的浪潮下，传统行业为了保持竞争力和适应市场变化，不得不进行数字化转型。这一转型过程不仅涉及技术层面的革新，更要求从业人员具备相应的数字技能。以制造业为例，传统的制造流程正逐渐被智能化、自动化的生产线所取代。这就要求工程师们不仅要掌握传统的机械、材料等知识，还需要具备数字技能，如计算机辅助设计（CAD）、CNC 编程、机器人控制等。这些技能的提升，使得工程师们能够更好地与智能化设备进行交互，优化生产流程、提高生产效率。同样，在零售行业，电子商务的兴起使得传统零售模式面临着巨大的挑战。为了应对挑战，传统零售商纷纷转型，开展电子商务业务。这就要求员工们掌握电子商务技能，如网络营销、在线客服、数据分析等。这些技能的提升，使得员工们能够更好地理解消费者需求，优化产品推广策略，提升客户满意度。

2. 数字经济促进劳动者技能水平的持续提升

数字经济的深入发展，使得传统行业对高技能劳动力的需求不断增加。为了满足这一需求，劳动者必须不断学习和提升自己的技能水平。一方面，数字技术的快速更新迭代要求劳动者具备持续学习的能力。他们需要关注行业动态，了解最新的技术趋势，通过参加培训、自学等方式不断充实自己的知识和技能。另一方面，数字经济的跨界融合特点要求劳动者具备跨学科的知识和技能。他们不仅需要掌握本专业的知识，还需要了解其他相关领域的知识，以便更好地应对复杂多变的工作环境。在数字经济时代，劳动者的技能水平成为其在职场上竞争的关键。拥有高技能水平的劳动者往往能够获得更好的薪资待遇和职业发展机会。因此，劳动者们纷纷投身于技能提升的学习中，希望通过不断学习来提高自己的竞争力。同时，企业和行政部门也加大了对技能培训的投入力度，为劳动者提供了更多的学习资源和机会。数字经济的深入发展不仅推动了传统行业技能要求的升级，还促进了劳动者技能水平的持续提升。这一现象不仅有利于传统行业的转型升级和持续发展，也为劳动者提供了更多的就业机会和更大的发展空间。

四、数字经济对就业市场结构的影响

（一）就业市场的两极分化

1. 低技能岗位被替代与劳动者的失业风险

随着数字技术的快速发展，许多低技能岗位，如简单的生产线操作、数据录入、基础客服等，正逐渐被自动化设备和智能系统所取代。这些岗位通常具有高度的重复性和程序化特点，易于被机器学习和人工智能技术所模拟。因此，在数字经济的推动下，这些低技能岗位的就业需求大幅下降，导致大量从事这些岗位的劳动者面临失业的风险。替代效应不仅影响了劳动者的就业稳定性，也对他们的生计和福利造成了严重冲击。由于这些岗位往往不需要高度专业的技能和知识，因此失业的劳动者很难在短时间内找到新的工作。同时，由于数字技术的快速发展，新的低技能岗位的出现速度相对较慢，无法完全弥补被替代岗位所带来的就业缺口。

2. 高技能岗位需求增加与求职者的就业机会

与低技能岗位被替代形成鲜明对比的是，高技能岗位在数字经济时代的需求不断增加。随着大数据、人工智能、云计算等技术的广泛应用，市场对掌握这些技术能力的劳动者的需求更多。数据分析师、人工智能工程师、网络安全专家等新兴职业，为求职者提供了更多的就业机会。这些高技能岗位不仅要求劳动者具备扎实的专业知识和技术能力，还要求他们具备创新思维和跨学科合作能力。因此，对于具备这些能力的劳动者来说，数字经济时代为他们提供了更广阔的发展空间和职业前景。他们可以通过不断学习和提升自身的技能水平，适应市场的变化，获得更好的薪资待遇和职业发展机会。这种两极分化趋势增加了就业市场的竞争压力。一方面，低技能劳动者在失业后很难找到新的工作，面临着严峻的就业挑战；另一方面，高技能劳动者在市场上的竞争力不断增强，获得了更多的就业机会和更好的待遇。这种差异不仅导致就业市场的不平等现象，也对劳动者的技能水平提出了更高的要求。为了应对这种两极分化的趋势，行政部门和社会各界需要采取积极措施。一方面，应加强对低技能劳动者的培训和转岗支持，帮助他们提升技能水平，适应市场的变化；另一方面，应加大对高技能人才的培养和引进力度，满足市场对高技能劳动力的需求。同时，还需要加强职业教育和培训体系的建设，提高劳动者的整体素质和技能水平，以适应数字经济时代的发展需求。

（二）就业市场的灵活性与多样性

1. 数字技术赋能远程工作：打破地域与时间的界限

随着信息技术的飞速发展，特别是互联网、云计算、大数据以及其他通信技术的不断进步，远程工作成为可能并逐渐普及。数字技术不仅极大地提高了信息传输的速度和效率，还减少了地理距离对工作的限制，使得劳动者无须身处特定的物理空间即可完成工作任务。这种技术赋能为远程工作提供了坚实的基础，使得"在家办公""跨国协作"成为新常态。远程工作的兴起，首先极大地拓宽了劳动者的就业选择范围。他们不再受限于地域，而是可以在全国范围乃至全球范围内寻找适合自己的工作。这不仅为劳动者提供了更多的就业机会，也促进了人才的跨区域流动和优化配置。其次，远程工作使得劳动者能够更好地平衡工作与生活，减少通勤时间和成本，从而提高工作效率和生活质量。此外，对于企业和组织而言，远程工作有助于降低运营成本、提高团队灵活性、促进全球化布局。

2. 自由职业的兴起：就业市场的多样性与活力

数字经济不仅促进了远程工作的普及，还催生了大量自由职业岗位。随着在线平台、社交媒体、电子商务等数字平台的兴起，越来越多的劳动者选择成为自由职业者，如独立设计师、网络作家、自媒体人、在线教育者等。这些自由职业者通过数字平台展示自己的才能和服务，与客户直接对接，实现了工作的自主性和灵活性。自由职业的兴起，首先为劳动者提供了更多的就业选择和创业机会。他们可以根据自己的兴趣、专长和市场需求，灵活地选择工作内容和合作方式，实现个人价值的最大化。同时，自由职业促进了就业市场的多样性和创新性。不同背景、不同技能的劳动者汇聚于数字平台，形成了多元化的就业生态，为市场带来了新的创意和活力。此外，自由职业还有助于缓解传统就业市场的压力，为失业者、转岗者等提供了过渡性的就业机会。表 2-1 所示为数字经济对传统就业岗位的影响。

表 2-1 数字经济对传统就业岗位的影响

影响因素	分析
生产率提升	数字经济通过技术创新提高了生产率，减少了部分传统岗位的需求。例如，自动化和智能化技术使得一些重复性、低技能的工作被机器取代。据研究，技术进步可能导致短期内就业减少，但长期来看可能增加就业

影响因素	分析
产业部门创新	数字经济催生了新产业、新产品和新服务，从而改变了传统就业结构。例如，互联网行业的快速发展导致了传统行业（如零售、制造业）的就业岗位减少。新兴产业（如人工智能、大数据等）创造了大量新岗位，但对技能要求较高
技术扩散的补偿机制	虽然数字经济替代了一些传统岗位，但同时也创造了新的就业机会。技术扩散带来的新岗位可能与传统岗位不同，需要劳动者具备新的技能和知识。例如，数字经济的发展推动了远程办公、在线教育等新业态的兴起
就业结构的变化	数字经济对就业结构产生了深远影响，高技能和高需求岗位增加。低技能和重复性岗位减少，要求劳动者不断提升自身技能以适应新需求。数字经济还促进了灵活就业和自主创业等新型就业模式的发展

第三章　数字经济对劳动力就业结构的影响

第一节　数字经济下就业结构的演变趋势

一、数字经济对就业结构的总体影响

数字经济以强大的技术创新、模式创新及服务创新能力，对传统就业结构与就业模式产生了颠覆性的影响。这一变革的核心动力，源自数字技术，特别是信息技术、大数据处理、人工智能算法以及区块链技术等前沿科技的迅猛发展。在此背景下，一系列新兴职业应运而生，如数据分析师、人工智能工程师、区块链专家等。它们不仅代表了技术发展的最新趋势，也显著提升了市场对高技能人才的要求。这些新兴职业要求从业者具备深厚的专业知识，如高级统计分析、机器学习、深度学习、分布式计算及加密算法等，从而推动劳动力市场向更高技能水平转型。与此同时，数字经济也极大地促进了传统行业的数字化转型进程。在这一过程中，传统行业如制造业、零售业、服务业等，通过引入智能化生产线、电子商务平台、数字化管理系统等，实现了生产、运营及服务模式的全面升级。这种转型不仅提高了生产效率和服务质量，也对劳动者的技能水平提出了更高的要求。传统行业的劳动者需要不断学习和掌握新的数字技能，如自动化操作、数据分析、云计算应用等，以适应数字化转型带来的就业结构变化。

二、高技能岗位需求的增加

（一）技术进步及产业升级

1. 制造业领域的智能化转型与高技能人才需求

在制造业领域，数字经济催生的智能制造、工业互联网等技术，正逐步替代传统的生产模式，实现了生产过程的智能化、自动化与高效化。这一转型过程中，工程师的角色与技能要求发生了根本性变化。传统制造工程师需掌握机械设计、材料科学等专业知识，而在智能制造时代，他们还需具备数字化设计、网络化控制、大数据分析等新型技能。例如，利用 CAD 软件进行产品三维建模，通过计算机辅助制造（CAM）系统实现生产流程的精确控制，运用生产执行系统（MES）和企业资源计划（ERP）系统优化生产调度与资源配置。此外，工业互联网技术的应用，要求工程师能够理解并应用物联网、云计算等技术，实现设备间的互联互通与数据交换，从而提高生产系统的灵活性与响应速度。因此，制造业的智能化转型，极大地提高了对掌握数字化、网络化技能的高技能人才的需求。

2. 服务业领域的业态创新与高技能人才需求

在服务业领域，数字经济促进电子商务、在线教育、远程医疗等新兴业态的蓬勃发展。这些新兴业态不仅打破了传统服务的时空限制，还创造了大量需要高技能人才的新岗位。以电子商务为例，随着电子商务平台功能的不断完善与用户体验的不断提升，对掌握数据分析、网络营销、跨境电子商务等技能的人才的需求日益增加。数据分析师需运用大数据分析工具，挖掘消费者的行为模式，为精准营销提供决策支持；网络营销专家则需掌握 SEO 优化、社交媒体推广等技巧，提升品牌知名度与市场份额。而在在线教育领域，随着在线课程质量与教学效果的不断提升，对具备课程设计、教学创新、技术支持等能力的人才的需求增长。远程医疗的兴起，要求医护人员掌握远程诊疗、电子病历管理、医疗数据分析等新技能，以提供高效、便捷的医疗服务。

（二）新兴职业的涌现

1. 新兴职业对专业技能的依赖

随着大数据、人工智能、区块链等技术的快速发展，数字经济催生了一系列新兴职业。这些职业的一个共同特点是高度依赖专业技能。以数据分析师为例，他们不仅需要具备扎实的统计学基础，以科学的方法处理和分析数据，还需要掌握计算机科学的相关知识，以高效地运用数据分析工具和编程语言。此外，对业务知识的深入理解也是数据分析师不可或缺的能力。只有将技术与业务相结合，才能从海量数据中提取出有价值的信息，为企业的决策提供支持。人工智能工程师作为一类新兴职业，其专业技能要求同样严苛。人工智能工程师需要掌握深度学习、机器学习等先进技术，以开发智能算法和应用。这要求他们不仅具备扎实的数学和计算机科学知识，还要不断跟踪和学习最新的研究成果，以保持技术的领先性。人工智能工程师的工作涉及领域广泛，从智能语音助手、自动驾驶到医疗诊断等，他们的专业技能和创新能力对于推动这些领域的发展具有重要意义。

2. 新兴职业对创新能力的强调

在数字经济时代，技术的更新换代速度极快，新兴职业往往处于技术发展的前沿，因此要求从业者具备敏锐的洞察力和创新能力。以区块链专家为例，他们需要了解分布式账本、加密算法等前沿技术，以保障数字资产的安全性和可信性。然而，这些技术本身也在不断发展和完善，区块链专家需要不断探索和尝试新的技术和方法，以应对不断出现的挑战和问题。此外，新兴职业还要求劳动者具备跨学科的知识和思维方式。在数字经济时代，不同领域之间的界限越来越模糊，新兴职业往往涉及多个学科的交叉和融合。因此，从业者需要具备广泛的知识背景和跨学科的思维能力，以应对复杂多变的工作环境和任务。例如，在开发智能医疗应用时，人工智能工程师不仅需要掌握机器学习和算法设计等技术，还需要了解医学、生物学等相关知识，以确保应用的准确性和可靠性。

（三）教育与培训的变革

1. 高等教育机构的专业调整：增设数字经济相关专业

随着数字经济的蓬勃发展，传统教育模式已难以满足市场对新型技能人才的需求。高等教育机构作为人才培养的重要阵地，纷纷响应时代号召，积极调整专业设置，增设与数字经济紧密相关的专业。这一变革不仅体现在课程内容的更新上，更涉及教育理念的转变和教学方法的创新。首先，数据科学、人工智能、区块链等新兴专业成为高等教育的新亮点。这些专业旨在培养具备统计学、计算机科学、经济学等多学科交叉知识背景的人才，使他们能够从海量数据中挖掘出有价值的信息，利用智能算法解决实际问题，或构建安全可信的数字资产管理体系。这些专业的设置，不仅填补了市场空白，更为学生提供了广阔的就业前景和发展空间。其次，高等教育机构在增设数字经济相关专业的同时，也注重实践教学和创新能力的培养。高校可通过校企合作、项目驱动等方式，让学生在实际操作中掌握技能，培养他们的创新意识和解决问题的能力。这种教学模式的转变，有助于缩短理论与实践的距离，使学生更好地适应数字经济下的就业市场。

2. 在职培训与继续教育的强化：提升员工的数字技能水平

除了高等教育机构的专业调整，企业和培训机构也加强了对在职员工的技能培训和继续教育。在数字经济时代，员工的数字技能水平直接关系到企业的竞争力和创新能力。因此，提升员工的数字化素养和专业技能成为企业发展的重要战略之一。企业纷纷建立内部培训体系，为员工提供定制化的培训课程。这些课程涵盖了基础的数字技能、高级的数据分析、人工智能应用等多个层次，旨在帮助员工不断更新知识结构，提升工作效率和创新能力。同时，企业还鼓励员工参加外部培训和认证考试，以拓宽视野、提升专业素养。培训机构也紧跟市场需求，推出了大量针对数字经济相关技能的培训课程。这些课程不仅涵盖了理论知识的学习，还注重实践操作的演练和案例分析。通过参加这些培训，员工可以快速掌握最新的数字技术和工具，提升自己的竞争力和拓展职业发展空间。

三、低技能岗位被替代的风险

（一）自动化与智能化技术的应用

1. 自动化与智能化技术对低技能岗位的替代效应

在制造业领域，自动化生产线和机器人技术的广泛应用是技术进步最直观的体现。这些技术通过高效率、高精度的生产方式，极大地提高了生产效率和产品质量，同时也减少了对人力劳动的依赖。传统制造业中存在着大量简单重复的工作，如装配、焊接、搬运等，这些岗位往往对技能要求不高，但劳动强度大。随着自动化技术的引入，这些岗位逐渐被机器人和自动化设备所取代，导致相关低技能劳动者的就业需求大幅下降。服务业作为经济领域的重要组成部分，同样受到了自动化和智能化技术的影响。在零售业中，自助结账系统的普及减少了对收银员的需求；在银行业中，智能客服系统的应用降低了人工客服的工作量；在餐饮业中，自动点餐机和送餐机器人的出现减少了对服务员的需求。这些技术的应用不仅提高了服务效率，还降低了运营成本，但同时也对低技能服务岗位构成了威胁。

2. 低技能岗位被替代引发的社会问题

自动化和智能化技术的广泛应用，导致低技能岗位的就业需求下降，进而增加了相关劳动者失业的风险。对于那些缺乏数字技能和转岗能力的劳动者来说，失业可能意味着生活来源的中断，对个人和家庭造成巨大的经济压力。低技能岗位被替代还可能加剧社会不平等问题。一方面，高技能人才在数字经济时代更受市场欢迎，薪资水平相对较高；另一方面，低技能劳动者由于就业机会减少，可能面临收入下降甚至失业的困境。这种技能差异导致的收入差距可能进一步拉大，加剧社会的不平等现象。此外，低技能劳动者的失业还可能引发一系列社会问题，如贫困、犯罪率上升等，对社会的稳定和发展构成威胁。

（二）技能错配与就业压力

1. 低技能劳动者的挑战与就业压力

对于低技能劳动者而言，数字经济的兴起带来了前所未有的挑战。这些劳动者多从事制造业、服务业中的基础岗位，如生产线操作、简单服务接待等。然而，随着自动化、智能化技术的广泛应用，这些岗位逐渐被机器人、自动化设备及智能系统所取代。例如，在制造业领域，高度自动化的生产线和智能机器人能够高效完成重复性工作，大大减少了对人工的依赖；在服务业领域，智能客服系统、自助结账设备等技术的应用显著降低了对人工客服和收银员的需求。因此，缺乏数字技能的低技能劳动者在面对这种技术替代趋势时，往往难以适应新的市场需求，面临较大的就业压力。这种就业压力不仅体现在岗位的减少上，更在于技能要求的提升。数字经济时代，即使是传统岗位，也对劳动者的数字技能提出了更高要求。例如，制造业中的工人不仅需要掌握基本的操作技能，还需要具备一定的数据处理、设备维护等数字化能力。然而，许多低技能劳动者受教育背景、培训机会等的限制，难以迅速掌握这些新技能，这加剧了他们的就业困境。

2. 高技能人才的稀缺与市场竞争

与低技能劳动者的就业压力相对应的是，高技能人才在数字经济时代成为市场上的稀缺资源。随着人工智能、大数据、云计算等前沿技术的不断发展，企业对高技能人才的需求日益旺盛。这些人才不仅具备深厚的专业知识，还能够熟练运用数字工具和技术，为企业创造更高的价值。因此，在劳动力市场上，高技能人才往往能够获得更好的薪资待遇和职业发展机会。然而，高技能人才的稀缺性也增加了就业市场的竞争压力。一方面，企业为了争夺有限的高技能人才，不得不提高招聘标准和薪资待遇，从而增加了劳动力成本；另一方面，低技能劳动者在高技能岗位的竞争中，往往处于劣势地位，难以获得理想的就业机会。这种竞争压力不仅影响了劳动者的个人发展，还可能对经济的可持续发展和社会稳定造成不利影响。

四、就业模式的灵活化与多样化

（一）远程工作与自由职业的兴起

1. 数字技术打破地域限制，促进远程工作的兴起

互联网与云计算技术的飞速发展，为远程工作提供了坚实的技术支撑。互联网的高速连接能力，使得信息传输几乎不受物理距离的限制；而云计算则提供了强大的数据存储与处理能力，使得远程协作成为可能。这些技术的结合，使得劳动者无须身处特定的工作地点，就可以通过网络接入工作系统，完成各项任务。这种工作模式极大地降低了通勤成本，提高了工作效率，同时也为员工提供了更加灵活的工作选择，有助于提升员工的工作满意度与生活质量。远程工作的兴起还促进了全球范围内的人才流动与资源配置的优化。企业不再局限于在本地市场招聘员工，而是根据项目需求，在全球范围内寻找最合适的人才。这不仅拓宽了企业的用人视野，也为劳动者提供了跨越地域界限的职业发展机会，促进了知识与技能的国际交流与融合。

2. 在线平台与社交媒体助力自由职业的发展

在线平台与社交媒体的兴起，为自由职业者提供了更多的就业机会与更大的创业空间。这些平台不仅为服务提供者与需求者搭建了直接对接的桥梁，还通过算法匹配、信誉评价等机制，降低了交易双方的信息不对称，增强了市场的透明度与信任度。自由职业者可以根据自己的兴趣与专长，在平台上发布服务信息、寻找客户，提供个性化与定制化的服务。此外，社交媒体作为信息传播与社交互动的重要渠道，也为自由职业者提供了展示自我、扩大影响力的舞台。通过社交媒体，自由职业者可以分享专业知识、展示工作成果、建立个人品牌，从而吸引更多的潜在客户、得到更多的合作机会。这种基于个人能力与声誉的就业模式，摆脱了传统职业路径的束缚，鼓励创新与个性化发展，为就业市场注入了新的活力。

（二）平台经济的崛起

1. 平台经济促进就业灵活性与工作地点的自由化

平台作为中介，通过数字化手段有效匹配服务提供者与需求者，极大地减少了搜寻成本与交易摩擦。这一变革使得劳动者不再受限于固定的工作场所和时间，而是可以根据个人情况灵活安排工作，更好地实现工作与生活的平衡。例如，网约车司机可以根据自身时间安排接单，外卖骑手则可以在高峰期选择性地增加工作量以提高收入。这种灵活性不仅提升了劳动者的工作满意度，也促进了劳动力资源的优化配置，使得人力资源能够更高效地响应市场需求的变化。此外，平台经济还促进了远程工作与兼职工作的普及。许多平台提供在线服务，如在线教育、远程医疗咨询等，使得劳动者无须离开家乡或放弃其他生活追求，即可参与到全球经济活动中。工作地点与方式的自由化，打破了地理界限，为劳动力市场的全球化提供了新的路径。

2. 平台经济催生新兴职业，拓宽就业渠道

平台经济的兴起，直接催生了一系列新兴职业。这些职业往往与数字技术紧密相关，具有高度的灵活性和市场适应性。网约车司机、外卖骑手、网络主播、内容创作者等，职业不仅为劳动者提供了多样化的就业选择，还因其工作模式的灵活性、收入的即时性以及潜在的较高回报，吸引了大量年轻劳动力和兼职者。特别是在一些传统行业就业压力增大的背景下，平台经济成为缓解就业压力、促进社会稳定的重要渠道。新兴职业的出现，也要求劳动者不断学习和掌握新技能，以适应快速变化的市场需求。例如，网络主播需要具备良好的沟通能力、内容创作能力和一定的粉丝运营能力；内容创作者则需要具备创新思维、文案撰写和多媒体制作技能。这种对技能的持续需求，促进了劳动者的自我提升和终身学习，有助于构建更加多元化、高素质的劳动力市场。

第二节　制造业数字化转型与就业结构变化

一、数字化转型对制造业就业总量的创造效应

（一）生产率效应

生产率效应，是指数字技术与制造业产业的不断融合发展，提高制造业企业的生产效率，扩大生产和制造规模，创造新的就业机会，增加对劳动力的需求。比如，在制造业的研发设计环节，技术进步将提高企业生产制造效率，创造更多利润和效益。在高利润驱动下，制造企业将提升自主研发和创新能力。这体现为对包括数字算法、工业互联网和自主创新等实用新型专利在内的专利技术应用的需求逐渐扩大，对创新型人才的需求的增加。在生产应用环节，一方面，利用机器视觉等数字技术来模拟人的视觉功能，通过构建与制造装置、产品管理以及与企业决策体系垂直集成的数字化车间，更快、更有效地对产品进行实际测量与管理，缩短产品的制造周期，提高产品的多样性和性能。加快了企业产品升级的步伐，从而提升生产产品的柔性化水平和制造效能，使得生产同样产量的产品所需的工人人数减少。另一方面，企业生产总成本的下降，使产品的销售价格降低，刺激消费者购买，企业倾向于扩大生产规模以满足消费者不断购买产品的需求，从而吸引更多劳动力，产生就业创造效应。

（二）职位创造效应

职位创造效应，是指重大科技变革往往会带来大量新的工作机会。一方面，数字技术本身的维护和发展会产生编程技术、传感技术和其他研发工程等技术密集型工作岗位；另一方面，数字化生产技术在深入人们日常生活的过程中产生了新的消费需求，并由此促进了新消费品的产生，开拓了新的消费市场，优化了营商环境。比如，智能机器人、智慧家电、智能车辆等新产

品的开发进一步丰富了制造业品种，引起产业细分，拓展了企业的制造范围与经营范围，形成了新的制造部门，增加了劳动力就业人数。同时，新消费需求的产生培育了新业态，包括新行业、新装备等，通过逐步细化的产业分工，创造了一批新兴行业的新模式，并带动了网络金融、电子商务、新型传媒等领域的新型就业。

（三）产业链延伸效应

产业链延伸效应，是指根据合作竞争理论和产业关联理论，制造业数字化转型会提高企业生产效率、产品性能和服务模式创新，给同行业企业和上下游关联企业的研发活动和产品制造带来影响，产生竞争效应或协作效应，迫使相关企业采取各种应对措施，进而对劳动力需求产生影响。由于数字技术的广泛应用，会增加更多与数字化设备研发、生产、制造等相关的上下游公司，催生新的业态，扩大行业整体的生产制造规模和产业组织规模，增加就业岗位，吸纳就业人数。因此，制造业数字化可通过扩大行业规模、延伸产业链的途径来增加就业人数。

二、数字化转型对制造业就业结构的影响分析

（一）制造业数字化对制造业低技能劳动力的影响

由于人工智能等数字技术的特点限制，目前数字技术主要应用于制造业生产领域常规型强、程序性强的岗位。但这些岗位在制造业公司中通常由低技能劳动力担任，因为技术含量低，可以被数字化和自动化设备轻易地取代。但一些低级技术劳动者所从事的岗位或生产的产品由于无法被数字化设备取代，因此吸引了更多劳动者选择这类职业，使得这类职业的低技能劳动力人数增加。另外，在职业特点与技术的双重影响下，被取代的中技能劳动力一旦无法得到技术训练或再教育的机会，就只能选择从事低级技术的岗位，这样使得低技能劳动者的就业人数增加。综上所述，制造业数字化水平的提高使低技能劳动力被替代，减少了其就业人数需求，同时中技能劳动力转移的

间接补充，增加了其就业人数。因此制造业数字化对低技能劳动力的具体影响具有不确定性。

（二）制造业数字化对制造业中技能劳动力的影响

数字化的深度发展缓解了由于空间、时间限制的劳动力流动壁垒的问题，对劳动力生产要素的配置效率起到了提升作用，提高了企业非生产性劳动工作的效率，对制造业企业中的生产、市场营销和人力资源等传统工作岗位的替代功能也将越来越突出。数字化设备的广泛应用推动了工业企业生产力的进一步提升，对各岗位的劳动力技术也提出了更高的要求和标准，给企业中技能劳动者带来了更大的就业压力，迫使部分劳动者须接受一段时间的培训才能继续上岗工作。中技能劳动力的雇佣成本逐渐增加，企业为降低生产成本、追求更高效益，寻求以数字化设备替代这部分劳动力，这进一步加剧了中技能劳动力的失业风险。因此，企业在进行数字化转型升级的过程中，改变了生产和管理模式，提高了生产效率，从而对中层管理和销售服务等人员提出了更高的要求，具体表现为对中技能劳动力的市场需求减少，改变了中技能劳动力就业的总人数。

（三） 制造业数字化对制造业高技能劳动力的影响

制造业数字化转型过程中，增加了对高技能劳动力的需求。一方面，由于计算机技术和通信科学技术的应用使得工业生产自动化程度极大地提升，在淘汰了一些传统具有重复性雇佣劳动工作任务的同时，也产生了越来越繁杂的生产作业任务。高技能劳动者具有较强的比较优势，可以保证自己的工作不被数字化设备所替代，或者可以在暂时的失业后经过再培训重新就业。另一方面，数字技术的通用性和渗透性特点使智能化设备能广泛地应用于制造业的各个环节，在持续推进数字化的过程中，由于信息技术的数字化特点使传统的物质生产要素得以在形式上进行转化，从而推动了物质生产要素在各个制造单位之间的自然流转和优化选择。制造业各个环节的性质与任务被重塑后，岗位的工作任务难度会更高，工作内容技术性更强，相应地，就会要求增加熟练掌握数字技术的技术研发人员、科研工作者等。因此，对高技能劳动力的需求增加。

随着计算机技术在制造业领域的逐步深入应用，高技术劳动者如开发、设计等工作人员将更受企业的青睐，有效激励技能偏向型技术进步创新，加强对人才的培养，提高劳动力的业务能力，吸引更高质量的就业人员，从而进一步增加对高技能劳动力的需求。制造业数字化转型过程中，对低技能劳动力就业既存在替代作用又存在一定的转移补充作用，对中技能劳动力的需求减少，故制造业数字化对制造业中低技能劳动力影响的就业总体效应不明确，对制造业高技能劳动力的需求增加。所以，制造业数字化将增加高技能劳动者占总体就业人数的比重，利用市场挤出效应促使劳动者结构向"单项极化"转变。

第三节　服务业数字化进程与就业结构调整

一、服务业数字化进程

（一）数字经济的内涵与特征

1. 数字经济的核心要素与驱动力

数字经济，作为 21 世纪新兴的经济形态，其核心在于对数字化知识与信息的有效利用。在这一经济模式下，传统的生产要素如土地、资本和劳动力，虽仍扮演着重要角色，但数字化知识与信息已成为最为关键的生产要素之一。这些数字化知识与信息不仅包括结构化的数据，如企业财务报表、行政部门统计数据等，也涵盖了非结构化的数据，如社交媒体上的用户评论、图像和视频内容等。这些数据经过信息技术的处理和分析，能够为企业和行政部门提供宝贵的洞察，支持决策制定，优化资源配置，从而提高生产效率和经济效益。数字技术创新是驱动数字经济发展的核心力量。随着大数据、云计算、人工智能、物联网等技术的不断突破，数字技术的创新和应用正在以前所未有的速度改变着经济社会的各个方面。这些技术不仅使数据的收集、存储、处理和分析变得更加高效和便捷，还推动了新的商业模式和服务业态的涌现。例如，基于大数据的精准营销、基于人工智能的智能客服、基于物联网的智能物流等，都是数字技术创新在经济社会中的具体应用。

2. 数字经济的特征与影响

数据驱动是数学经济的第一大特征。企业和行政部门通过收集和分析大量数据，能够更准确地把握市场动态和消费者需求，从而制定出更为科学合理的决策。同时，数据的流动和共享也促进了不同行业之间的融合和创新，推动了经济的持续发展。技术创新是数字经济的第二大特征。数字经济的快速发展离不开技术的不断创新和突破。从最初的计算机技术到现在的大数据、云计算、人工智能等技术，每一次技术创新都为数字经济的发展注入了新的动力。这些技术的创新不仅提高了生产效率，还催生了新的商业模式和服务业态，为经济社会的发展带来了新的机遇。用户参与是数字经济的第三大特征。在数字经济中，用户不仅是产品或服务的消费者，更是数据的提供者和价值的创造者。用户的参与和反馈对于企业和行政部门来说至关重要。通过用户的参与和反馈，企业和行政部门能够更好地了解用户需求和市场动态，从而优化产品和服务，提高用户满意度和忠诚度。同时，用户的参与也促进了数字经济的民主化和普惠化，使得更多的人能够享受到数字经济带来的便利和福祉。数字经济的这三大特征相互关联、相互促进，共同推动了数字经济的快速发展。数据驱动是数字经济的动力源泉，为数字经济提供了决策依据；技术创新为数字经济注入了新的活力、带来了新的机遇；用户参与使数字经济具有民主化和普惠化的特点。随着数字经济的不断发展，数字经济将在未来继续发挥重要作用，推动经济社会的持续进步和发展。

（二）服务业数字化进程的现状与趋势

1. 信息技术快速发展与服务业数字化进程的加速

随着信息技术的迅猛发展，特别是互联网、大数据、云计算、人工智能等前沿技术的不断突破，服务业的数字化进程正以前所未有的速度推进。这一进程不仅深刻改变了服务业的生产方式、服务模式和商业形态，还极大地提高了服务业的效率和竞争力。新兴服务业的迅速崛起是服务业数字化一个显著特征。数字零售、在线教育、远程医疗等领域，在信息技术的支撑下，实现了服务的线上化、远程化和智能化，极大地拓宽了服务边界，提升了服务效率。这些新兴服务业不仅满足了消费者多样化、个性化的需求，还推动了服务业结构的优化和升级。同时，传统服务业也在积极拥抱数字化转型。餐饮、零售、金融等行业，通过引入信息技术，实现了服务的智能化、自动化和定制化。例如，餐饮业通过在线订餐、智能推荐等系统，提升了顾客体验和运营效率；零售业通过大数据分析，实现了精准营销和库存管理；金融业通过数字化金融产品和服务，提高了服务质量和风险防控能力。

2. 服务业数字化进程中的国际化与智能化趋势

服务业数字化进程的加速，不仅推动了服务业内部的转型升级，还促进了服务业的国际化发展。在数字化时代，服务业的跨国界、跨领域合作成为可能。企业可以通过互联网、云计算等技术，实现全球范围内的资源共享、服务协同和市场拓展。这不仅为企业带来了更广阔的发展空间，也为消费者提供了更多元化的选择、更高质量的服务。此外，服务业数字化进程还呈现出明显的智能化趋势。随着人工智能、物联网等技术的不断发展，服务业正在向更高级别的智能化迈进。智能化服务不仅能够提高服务效率和质量，还能够实现服务的个性化和定制化，更好地满足消费者的需求。例如，在智能家居、智能交通等领域，智能化服务已经成为不可或缺的一部分。未来，服务业将继续朝数字化、网络化、智能化方向发展。这一趋势不仅是由信息技术的发展所驱动的，也是由消费者需求的变化所决定的。在数字化时代，消费者对于服务的便捷性、个性化和智能化的要求越来越高。为了满足这些需求，服务业必须不断推进数字化转型和升级，提高服务质量和效率。同时，服务业的数字化进程也将面临一些挑战和问题。例如，数据安全、隐私保护、数字鸿沟等问题需要得到妥善解决。此外，服务业的数字化进程还需要与实体经济深度融合，推动产业升级和经济发展。

（三）数字技术对服务业的影响

1. 数字技术为服务业提供全新的发展模式与手段

在大数据的支撑下，服务业企业能够更精准地捕捉市场需求和消费者行为，实现服务的个性化和定制化。通过对海量数据的挖掘和分析，企业可以深入了解消费者的偏好和需求，进而优化服务流程、提升服务质量。同时，大数据还为企业提供了科学的决策依据，有助于其制定更为合理和有效的市场策略。云计算技术的应用使得服务业企业能够更灵活地管理资源和数据、降低运营成本、提高服务效率。云计算的弹性扩展和按需付费的特点，使得企业能够根据业务需求快速调整资源配置，从而更好地应对市场变化。此外，云计算还为企业提供了强大的数据存储和处理能力，支持其开展大规模的数据分析和业务创新。人工智能技术的引入使得服务业向更高层次的智能化迈进。通过机器学习、自然语言处理等技术，企业可以实现服务的自动化和智能化，提高服务效率和质量。例如，智能客服系统可以自动处理用户的咨询和投诉，减轻人工客服的压力、提高用户满意度。

2. 数字技术推动服务业向高端化与智能化方向发展

数字技术的应用不仅提升了服务业的效率和质量，还推动了服务业向高端化和智能化方向发展。在金融行业，区块链技术的应用就是一个典型的例子。区块链技术凭借去中心化、不可篡改的特点，提高了金融交易的透明度和安全性，减少了交易成本和时间。这使得金融服务能够更快速、更准确地响应市场需求，提升金融服务的效率和安全性。在物流行业，智能化仓储和配送系统的应用显著提高了物流效率。通过物联网、大数据分析等技术，企业可以实时监控货物的存储和运输情况，优化仓储布局和配送路线，减少库存积压和运输延误。这不仅降低了物流成本，还提高了物流服务的可靠性和响应速度。此外，数字技术的应用还推动了服务业与其他行业的深度融合。例如，在医疗健康领域，数字技术与医疗技术的结合，催生了远程医疗、智能诊断等新型服务模式，为患者提供了更为便捷和高效的医疗服务。在教育领域，数字技术的应用使在线教育、智能评估等新型教育模式得以快速发展，为学生提供了更为丰富和个性化的学习资源。

二、就业结构调整

（一）数字经济对就业结构的影响

1. 数字经济推动传统就业结构的转型

随着数字经济的迅猛发展，其对社会经济结构的深刻影响日益显现，其中尤为突出的是对就业结构的重塑。传统制造业和农业作为国民经济的基础，提供了大量就业岗位。然而，在数字技术的推动下，这些行业正经历着前所未有的变革。自动化、智能化技术的广泛应用，使得许多传统岗位逐渐被机器和算法所取代，导致就业结构发生显著变化。一方面，制造业中的生产线越来越依赖于自动化设备和智能机器人。这不仅提高了生产效率，也减少了对人力劳动的依赖。在农业领域，精准农业、智能农机等技术的应用，使得农业生产过程更加高效，减少了对传统农业劳动力的需求。这些变化使得传统就业岗位面临挑战，但同时也为就业结构的转型提供了契机。

2. 数字经济催生新型就业机会与技能需求

与此同时，数字经济的崛起也催生了一系列新兴行业，如电子商务、互联网金融等。这些行业不仅为经济发展注入了新的活力，也为就业市场带来了大量新型就业机会。在电子商务领域，随着线上购物的普及，电子商务平台、物流配送、网络营销等岗位应运而生。互联网金融的兴起，则催生了风险控制、数据分析、产品设计等新型金融岗位。此外，大数据和人工智能技术的快速发展，为技术研发、算法工程师、数据科学家等高端技术岗位提供了广阔的发展空间。这些新型岗位不仅要求从业者具备扎实的专业知识，还对其数字技能提出了更高要求。例如，电子商务岗位需要从业者熟悉电子商务平台操作、网络营销策略等；互联网金融岗位则要求从业者具备金融数据分析、风险管理等能力；而大数据和人工智能的相关岗位需要从业者掌握数据挖掘、机器学习等先进技术。因此，数字经济的发展不仅推动了就业结构的转型，还促进了劳动力市场的技能升级。值得注意的是，数字经济的兴起推动了传统行业的升级和转型。为了适应市场需求和技术变化，传统行业纷纷进行数字化转型。这不仅提高了行业的竞争力和生产效率，也为从业者提供了新的发展机遇。例如，在制造业领域，数字化转型使得企业能够更精准地把握市场需求，优化生产流程，提高产品质量。同时，数字化转型也催生了智能制造、工业互联网等新兴领域，为制造业从业者提供了更多的就业选择和职业发展机会。

（二）技能需求的变化

1. 数字经济推动技能需求向高技能与知识密集型转变

传统劳动密集型岗位是就业市场的重要组成部分。这些岗位往往对技能的要求相对较低，更多地依赖于体力劳动。然而，在数字经济的推动下，这种就业格局正在发生深刻变革。数字经济的核心在于信息技术的广泛应用和创新，这直接导致了高技能、知识密集型岗位的大量涌现。在数字经济领域，如大数据分析、云计算、人工智能、物联网等新兴技术成为推动行业发展的关键力量。因此，企业对具备这些数字技能和知识的专业人才的需求急剧增加。这些专业人才不仅需要掌握先进的信息技术，还需要具备创新思维和解决问题的能力，以适应快速变化的市场环境和技术趋势。同时，数字经济也强调创新思维和创造力的重要性。在数字化时代，企业的竞争力往往取决于其能否持续推出创新的产品和服务，以满足消费者不断变化的需求。因此，具备创新思维和创造力的人才成为企业争相招聘的对象。这种技能需求的转变，不仅要求劳动者具备扎实的专业知识，还需要其具备跨学科的综合素养和创新能力。

2. 教育培训体系需适应数字经济背景下的新技能需求

面对数字经济背景下技能需求的变化，教育培训体系必须进行相应的调整，以适应新的就业市场需求。传统的教育培训体系往往侧重于基础知识和基本技能的培养，而对数字技能和创新思维的培养则相对不足。因此，教育培训体系需要更加注重数字技能的培养，以适应数字经济的发展需求。教育培训体系需要加强与数字经济相关的课程设置，包括大数据分析、云计算、人工智能、物联网等新兴技术课程，以及创新思维和创业精神的培训课程。

通过这些课程的学习，学生可以掌握先进的数字技能，培养创新思维和解决问题的能力，为未来的职业生涯打下坚实的基础。数字经济领域的发展日新月异，实践经验和实际操作能力对于从业者来说至关重要。因此，教育培训体系需要加强与企业的合作，提供实践机会和实习岗位，让学生在实践中学习和掌握数字技能。同时，企业也可以参与教育培训过程，提供行业前沿的知识和技术支持，共同培养符合市场需求的数字化人才。在数字经济时代，技术和知识的更新速度非常快，从业者需要不断学习新知识、新技能，以保持竞争力。因此，教育培训体系需要建立终身学习的机制，提供多样化的学习资源和培训机会，帮助从业者不断更新知识和技能，以适应数字经济的发展需求。

（三）就业形态的变化

1. 数字经济使就业更加灵活

数字经济蓬勃发展带来的技术革新和模式创新不仅深刻改变了传统产业的运作模式，也对就业形态产生了深远的影响。其中，最为显著的变化之一是远程办公和弹性工作等新型工作模式的逐渐普及。这些新型工作模式打破了传统工作方式的时空限制，使得工作更加灵活和自由。在数字经济时代，信息技术的广泛应用为远程办公提供了可能。云计算、大数据、人工智能等技术的不断发展，使信息的存储、处理和传输变得更加便捷和高效。这为企业和员工提供了跨越地理界限进行工作的机会，使得远程办公成为一种可行的选择。同时，弹性工作制度的推行进一步增强了工作的灵活性。企业可以根据业务需求和员工个人情况，灵活调整工作时间和工作地点。远程办公和弹性工作等新型工作模式的普及，不仅提高了工作效率和员工的满意度，还有助于缓解城市交通拥堵、减少环境污染等问题。这些变化使工作与生活之间的平衡更加容易实现，为劳动者提供了更多的个人时间和空间，有助于提升其生活质量和幸福感。

2. 数字经济推动共享经济与创业创新的兴起

共享经济是一种基于互联网和数字技术的新型经济模式。它允许人们共享资源、服务和技能，从而实现资源的优化配置和有效利用。在数字经济领域，共享经济的应用范围不断扩大，涵盖了交通出行、住宿、餐饮、教育等多个领域。共享经济的兴起为劳动者提供了更多的就业选择和灵活的工作方式。通过参与共享经济平台，劳动者可以根据自己的时间和技能选择适合自己的工作，实现自我价值的最大化。同时，共享经济也降低了创业的门槛和风险，为更多的人提供创业机会。在数字经济时代，创业者可以利用互联网和数字技术，快速构建自己的业务模式和品牌，实现商业价值的最大化。此外，数字经济的发展还促进了创新和创业文化的形成。在数字经济领域，创新思维和创造力成为重要的竞争力。企业和个人需要不断推陈出新，以满足市场和消费者的需求。创新思维和创业文化的形成，不仅推动了数字经济的发展，还为整个社会的进步和发展注入了新的活力。

三、服务业数字化进程与就业结构调整的互动关系

（一）数字经济促进服务业结构升级

1. 数字经济加速服务业数字化进程，促进生产效率与服务质量双重提升

在当今信息化、网络化高度发达的时代，数字经济的迅猛发展已成为推动全球经济转型升级的重要力量。其中，服务业作为国民经济的重要组成部分，其数字化进程在数字经济的推动下显得尤为突出。数字技术的广泛应用，不仅深刻改变了服务业的生产方式和服务模式，还极大地提升了服务业的生产效率和服务质量，为传统服务业的转型升级提供了强大的动力。数字技术在服务业中的广泛应用，使得服务流程得到优化，生产效率显著提高。通过引入自动化、智能化设备，以及云计算、大数据等先进技术，服务业企业能够实现对服务流程的精准管理和高效运作。这不仅减少了人力成本，还大大提高了服务效率和响应速度，满足了消费者对快速、便捷的服务的需求。例如，在餐饮行业，通过数字化点餐系统、智能厨房设备等的应用，餐厅能够更快地处理订单、准备食物，从而提升顾客的用餐体验。在数字经济背景下，消费者对服务的需求日益多元化、个性化。为了满足这些需求，服务业企业

纷纷利用数字技术来提升服务质量和水平。例如，通过大数据分析，企业可以深入了解消费者的偏好和需求，从而为其提供更加精准、个性化的服务。同时，数字技术还可以帮助企业实现对服务过程实时监控和反馈，及时发现并解决问题，确保服务质量持续提升。

2. 数字技术催生新兴服务业态，丰富服务内容，满足多元化需求

数字经济的快速发展，不仅推动了传统服务业的数字化转型，还催生了一系列新兴服务业态。这些新兴服务业态以数字技术为基础，通过创新服务模式和内容，为消费者提供了更加丰富、多元的服务选择。在线教育利用互联网技术，打破了地域和时间的限制，使得学生能够随时随地获取优质的教育资源。这不仅为广大学生提供了更多的学习机会和选择，还促进了教育资源的均衡分配和共享。而远程医疗则利用数字技术实现了医疗服务的远程化和智能化。通过远程会诊、在线问诊等方式，患者能够更加便捷地获取医疗服务，医生也能够更加高效地处理病例，从而提高了医疗服务的可及性和效率。除了在线教育和远程医疗，数字经济还催生了诸多其他新兴服务业态，如共享经济、数字娱乐等。这些新兴服务业态以消费者需求为导向，通过创新服务模式和内容，不断满足消费者的多元化需求。同时，它们也为服务业的发展注入了新的活力和动力，推动了服务业结构的持续优化和升级。

3. 服务业结构升级推动就业结构调整，高技能、知识密集型岗位成主流

数字经济的快速发展和服务业的数字化进程，不仅促进了服务业生产效率和服务质量的提升，还推动了服务业结构的升级。这种结构升级不仅体现在服务内容和模式的创新上，还体现在就业结构的调整上。随着服务业的数字化转型和新兴服务业态的涌现，就业市场也发生了很大的变化。传统服务业中的低技能、劳动密集型岗位逐渐被高技能、知识密集型岗位所取代。这是因为数字技术的应用和新兴服务业态的发展，对从业者的技能和知识要求越来越高。为了适应这种变化，劳动者需要不断提升自己的数字技能和知识水平，以适应新的就业市场需求。在这种背景下，高技能、知识密集型岗位逐渐成为就业市场的主流。这些岗位不仅要求从业者掌握扎实的专业知识和技能，还要求其具备创新思维和解决问题的能力。因此，对于劳动者而言，

不断提升自己的数字技能和知识水平，掌握新兴技术和服务模式，是适应数字经济时代就业市场变化的关键。同时，服务业结构的升级也推动了就业结构的优化。随着新兴服务业态的快速发展，越来越多的劳动者选择从事新兴行业。这不仅为劳动者提供了更多的就业机会和选择，还促进了就业市场的繁荣和发展。同时，新兴服务业态的发展也带动了相关产业链的发展，进一步扩大了就业市场的规模和范围。

（二）服务业数字化进程对就业结构的影响

1. 数字化进程对传统服务业岗位的替代效应

随着数字技术的快速发展，自动化和智能化技术逐渐渗透到服务业的各个领域，对传统服务业岗位产生了显著的替代效应。在传统服务业中，许多岗位依赖于人工操作和简单重复的工作流程，如数据录入、客户服务等。然而，数字技术的应用使得这些岗位逐渐被自动化和智能化系统所取代。一方面，自动化技术的广泛应用降低了企业对人力劳动的需求。例如，在零售业领域，自助结账系统、智能库存管理系统等自动化技术的应用，减少了对收银员、库存管理员等岗位的需求。另一方面，智能化技术的不断进步使得一些需要高度专业知识和技能的岗位面临被替代的风险。例如，在金融行业中，智能投顾、自动化交易系统等智能化技术的应用，对传统的金融分析师、交易员等岗位构成了挑战。这种替代效应导致部分低技能劳动者面临失业的风险。由于低技能劳动者缺乏数字技能和知识，难以适应数字化进程带来的变化，因此在就业市场上处于不利地位。然而，这也为服务业的数字化转型提供了动力，推动企业不断采用新技术来提高生产效率和服务质量。

2. 数字化进程创造新型就业机会与技能要求提升

服务业的数字化进程也创造了大量新型就业岗位。这些新型岗位通常与数字技术密切相关，如数据分析师、人工智能工程师、数字营销专家等。这些岗位的出现不仅为就业市场注入了新的活力，也对劳动者的技能提出了更高的要求。首先，数据分析师成为数字化进程中不可或缺的角色。在服务业中，企业需要对大量数据进行挖掘和分析，以洞察市场需求、优化服务流程、提高客户满意度。因此，数据分析师成为企业争相招聘的对象。他们需要具备扎实的统计学基础、熟练使用数据分析工具的能力以及敏锐的商业洞察力，才能为企业提供有价值的数据分析支持。其次，人工智能工程师在数字化进程中扮演着至关重要的角色。随着人工智能技术的不断发展，越来越多的服务业企业开始将人工智能技术应用于业务场景中，如智能客服、自动化推荐系统等。这些系统需要大量人工智能工程师来研发和维护。人工智能工程师需要具备深厚的计算机科学基础、熟练的人工智能算法开发能力以及良好的团队协作能力，才能为企业提供高效的人工智能解决方案。最后，数字营销专家也是数字化进程中备受瞩目的岗位。在数字化时代，企业需要通过网络营销、社交媒体营销等方式来推广产品和服务。因此，数字营销专家成为企业营销团队中不可或缺的一员。他们需要具备丰富的数字营销经验、熟练使用数字营销工具的能力以及创新的营销策略思维，才能为企业制定有效的数字营销方案。这些新型岗位对劳动者的技能要求更高，需要他们具备数字技能和知识。为了满足这一需求，教育和培训体系需要不断调整和完善数字技能培训课程。同时，劳动者也需要不断学习和提升自己的数字技能，以适应数字化进程带来的变化。

3. 数字化进程促进就业结构的优化与升级

服务业的数字化进程不仅对传统服务业岗位产生了替代效应，创造了新型就业岗位，还促进了就业结构的优化与升级。在数字化进程的推动下，服务业逐渐从劳动密集型向知识密集型转变，高技能、知识密集型岗位成为就业市场的主流。一方面，数字化进程提高了服务业的生产效率和服务质量。通过采用自动化和智能化技术，服务业企业能够更高效地处理业务、提供更优质的服务体验。这使得企业在市场竞争中占据优势地位，进而推动整个服务业的升级和发展。同时，随着生产效率的提高，企业对低技能劳动力的需求逐渐减少，而对高技能、知识密集型岗位的需求不断增加。另一方面，数字化进程推动了服务业的创新和发展。在数字化时代，服务业企业需要不断创新以适应市场变化和消费者需求的变化。通过采用新技术、开发新产品和服务等方式，服务业企业能够不断拓展业务领域、提高市场竞争力。这进一步推动了就业结构的优化和升级，使得高技能、创新型人才成为就业市场上的稀缺资源。此外，行政部门和社会各界也需要共同努力，推动服务业数字化进程的健康发展。行政部门可以制定相关制度和规划，引导企业加大数字化投入、加强培养数字化人才；社会各界可以加强合作与交流，共同推动服务业数字化进程的创新与发展。通过这些努力，企业可以更好地应对数字化进程带来的挑战和机遇，实现就业结构的优化与升级。

（三）就业结构调整对服务业数字化进程的推动作用

1. 就业结构调整增加数字技能需求，促进教育与培训体系的变革

就业结构的调整，特别是高技能、知识密集型岗位的兴起，直接引发了劳动力市场对数字技能需求的激增。在服务业中，无论是金融服务、电子商务还是医疗健康、教育娱乐等领域，都依赖于大数据、云计算、人工智能等先进数字技术来提升服务效率与质量。这一趋势要求劳动者不仅具备基本的职业技能，更需掌握一定的数字技能，如数据分析、编程开发、数字营销等。面对这一需求变化，教育与培训体系不得不进行相应的调整与革新。一方面，高等教育机构开始增设与数字技能相关的专业与课程，如数据科学、人工智能工程、数字媒体设计等，以培养适应未来就业市场需求的复合型人才。另一方面，职业培训与继续教育机构也积极响应，推出了一系列针对在职人员的数字技能培训项目，帮助他们提升技能，适应岗位变化。这种教育与培训体系的变革，为服务业数字化进程提供了源源不断的人才支持。

2. 专业人才集聚效应，加速服务业数字化进程

随着教育与培训体系的调整，越来越多的专业人才涌入服务业，特别是那些具备数字技能和知识的劳动者。这些专业人才不仅掌握先进的数字技术，还具备创新思维与问题解决能力，是推动服务业数字化进程的重要力量。在服务业企业内部，专业人才运用数字技术优化业务流程、提升服务体验、创新服务模式，显著提高了企业的生产效率和竞争力。例如，在金融行业，数据分析师利用大数据技术进行风险评估与信用评级，提高了金融服务的精准度与安全性；在医疗健康领域，远程医疗专家通过视频会诊、在线诊疗等方

式，打破了地域限制，为患者提供更加便捷、高效的医疗服务。同时，专业人才的集聚还产生了溢出效应，促进了服务业内部的交流与合作。专业人才通过分享经验、共同研发新技术、探索新商业模式，推动了整个服务业的数字化转型与升级。这种集聚效应不仅提升了服务业的整体水平，还为其他行业的数字化进程提供了有益的借鉴与启示。

3. 就业结构调整与服务业数字化进程的互动机制

就业结构调整与服务业数字化进程之间存在着密切的互动关系，就业结构的调整推动了服务业数字化进程的加速发展。随着高技能、知识密集型岗位的增多，劳动力市场对数字技能的需求不断增加，这促使企业加大数字化投入，引进先进技术，提升服务效率与质量。同时，专业人才的集聚也为服务业数字化转型提供了有力的人才保障。数字技术的应用使得一些传统岗位逐渐被替代或转型，而新的数字化岗位则不断涌现。这要求劳动者不断学习与掌握新的数字技能，以适应岗位变化。同时，数字化进程的推进也催生了新兴服务业态与商业模式，如共享经济、平台经济等。这些新兴业态与商业模式为劳动者提供了更多的就业机会与更大的选择空间。在这种互动机制下，就业结构调整与服务业数字化进程相互促进、共同发展。就业结构的优化为服务业数字化进程提供了有力的人才支撑，而服务业数字化进程的推进又进一步推动了就业结构的调整与优化。这种良性循环为服务业的持续健康发展注入了新的活力与动力。

第四节　数字经济对城乡就业结构的影响

一、数字经济推动就业结构转变

（一）新型岗位的创造

数字经济其凭借无与伦比的渗透力与持续不断的创新活力，深刻重塑了劳动力市场的格局，催生了一系列前所未有的新型就业岗位。在这一转型过程中，电子商务、互联网金融、大数据分析及人工智能等新兴行业如雨后春笋般涌现，不仅引领了技术革命的前沿趋势，更为就业市场注入了新的活力，带来了新的可能。电子商务的蓬勃发展，不仅构建了线上交易的新生态，还促动了与之紧密相关的技术研发、平台维护、物流配送、数字营销等一系列新型岗位的诞生。这些岗位不仅要求从业者具备扎实的互联网技术基础，还强调其创新思维与跨领域合作能力，在城市中形成了庞大的就业集群。同时，随着农村电子商务的兴起，这一模式逐渐渗透至农村地区，为当地居民提供了参与全球经济活动的新途径，促进了农村就业结构的多元化。

互联网金融通过金融科技的创新应用，如移动支付、区块链、数字货币等，开辟了金融服务的新领域，催生了风险管理、数据分析、产品设计等专业岗位，进一步丰富了就业市场的选择。大数据与人工智能技术的广泛应用，推动了数据科学家、算法工程师、智能客服等新兴职业的快速发展。这些岗位不仅在城市中占据重要地位，其技术溢出效应也逐渐惠及农村，促进了农村就业向技术密集型转移。这些新型岗位不仅强调专业技能的深度，还注重跨学科知识的融合，对从业者的综合素质提出了更高要求。它们不仅为城市就业市场增添了新的增长点，更为农村地区提供了实现经济跃升与就业转型的宝贵机遇。随着数字经济的不断深化，城乡之间的就业壁垒逐渐被打破，就业结构呈现出更加均衡、高效与智能化的特点。这一过程不仅加速了城乡一体化的进程，也为构建包容性、可持续的就业体系奠定了坚实的基础，展现了数字经济在推动社会经济发展与优化就业结构方面的巨大潜力与深远影响。

（二）传统行业的升级与转型

数字经济的发展浪潮，不仅孕育了诸如电子商务、互联网金融等新兴行业，更以其强大的变革力量，推动了传统行业的升级与转型。在这一过程中，传统制造业与农业作为国民经济的两大基石，正经历着前所未有的变革。随着数字化与自动化技术的广泛应用，这些行业中的传统岗位逐渐被智能设备、机器人流程自动化以及数据分析等高科技手段所取代，标志着生产模式由劳动密集型向技术密集型转变。与此同时，数字经济的蓬勃兴起，创造了大量对数字技能有高度需求的新型岗位。从大数据分析师、云计算工程师到人工智能专家，这些岗位不仅要求从业者掌握先进的数字技术，还要求其具备创新思维与持续学习的能力，以适应快速变化的技术环境。这一趋势促使就业市场对高技能人才的需求激增，推动了城乡就业结构的转型。

在城乡就业结构的转型中，数字经济的渗透尤为显著。一方面，城市作为数字经济的发源地与聚集地，吸引了大量高素质人才投身于数字经济领域，促进了城市就业结构的高端化发展。另一方面，随着数字技术的普及与下沉，农村地区也开始享受到数字经济的红利。电子商务平台、智慧农业等的应用，使农村地区得以接入更广阔的市场，促进了农产品的上行与工业品的下行，带动了农村就业结构的优化与升级。此外，数字经济的发展还促进了城乡之间就业资源的共享与流动。在线教育、远程办公等新型业态的兴起，打破了地理界限，使得城乡劳动者能够更加便捷地获取知识与技能，提高就业市场的灵活性与包容性。总体而言，数字经济的发展不仅催生了新兴行业，而且通过推动传统行业的升级与转型，促进了城乡就业结构向更高技能、更高效率的方向转型，为构建更加均衡、可持续的就业体系奠定了坚实的基础。

二、数字经济对技能需求的变化

（一）高技能岗位的增加

数字经济以独特的发展速度与规模，显著提升了高技能岗位在就业市场中的需求比重。在这一转型过程中，创新思维与创造力被推向了"前台"，成为决定企业竞争力的关键因素。在此背景下，那些掌握数字技能、拥有丰富知识储备的专业人才，成为企业竞相争夺的宝贵资源。专业人才对数据分析、云计算、人工智能、区块链等前沿技术的熟练运用，不仅为企业带来了运营效率的提升，更为产品和服务的创新提供了无限可能。传统教育模式往往侧重于基础知识的传授与理论体系的构建，而在数字经济时代，这难以满足市场对人才技能的需求。因此，教育和培训机构开始积极调整，更加注重数字技能的培养与实践能力的提升。这包括加强信息技术课程的建设，引入项目式学习、在线教育等新型教学模式，以及与企业合作开展实习实训项目，以增强学生的实际操作能力和问题解决能力。同时，为了适应数字经济的快速发展，教育和培训机构还需保持高度的灵活性与前瞻性。这意味着教育和培训机构要密切关注技术动态与行业趋势，及时调整课程设置与教学内容，确保所培养的人才能够紧跟时代步伐，满足市场需求。此外，还需加强对学生创新思维与创业能力的培养，鼓励他们勇于探索未知领域，将所学知识转化为实际的生产力。

（二）传统技能需求的减少

数字经济的发展，如同一股不可阻挡的潮流，不仅催生了新兴行业，促进了高技能岗位的蓬勃兴起，同时也对传统技能需求产生了深远的影响。在这一进程中，传统制造业与农业作为曾经吸纳大量低技能劳动力的主要领域，正受到着数字化与自动化技术的强烈冲击。随着智能机器人、自动化生产线以及精准农业等高科技手段的应用，许多原本依赖人工的低技能工作逐渐被高效、精准的机器所取代，导致对这些岗位的需求急剧下降。这一变化无疑对城乡就业结构产生了重大影响。在传统经济模式下，低技能劳动力是制造业与农业的主力军，他们通过简单的重复劳动，为经济发展提供了坚实的支撑。然而，在数字经济时代，这种劳动力需求模式发生了根本性的转变。企业为了提升生产效率与竞争力，更倾向于招聘掌握数字技能、具备创新思维的高技能人才，而低技能岗位则逐渐边缘化，甚至消失。这种就业结构的调整，促使城乡劳动力必须向更高技能、更高附加值的方向转型。对于城市而言，这意味着要加大对高技能人才的培养与引进力度，构建更加完善的数字经济产业体系，以吸引更多的高端人才。而对于农村地区，则需要通过发展智慧农业、农村电子商务等新兴业态，提升农产品的附加值，同时加强对农民的数字技能培训，帮助他们掌握新技术，实现从传统农民向新型职业农民的转变。

三、数字经济对就业形态的影响

（一）就业形态的多元化

数字经济作为当今时代最为显著的经济现象之一，不仅重塑了传统行业格局，更在深层次上推动了就业形态的多元化演变。随着信息技术的飞速进步与广泛应用，远程办公、弹性工作等新型工作模式逐渐从边缘走向主流，使工作具有前所未有的灵活性与自由度。这种转变打破了传统工作模式对时间与空间的严格限制，使得工作不再局限于特定的物理空间，而是可以跨越地域界限，实现全球范围内的协同与合作。与此同时，数字经济的蓬勃发展也为共享经济的兴起提供了肥沃的土壤。共享经济作为一种基于互联网平台，实现资源高效配置与利用的新型经济模式，为劳动者提供了更加多样化的工作机会与选择。无论在城市还是农村，劳动者都可以根据自己的兴趣、技能与时间安排，灵活地参与到共享经济中来，实现个人价值与社会价值的双重提升。在农村，数字技术的普及与应用，使得农民可以通过电子商务平台销售农产品、参与乡村旅游服务等方式，实现就业增收。同时，远程教育与在线培训的发展，也为农民提供了学习新技能、提升就业竞争力的机会，促进了城乡就业资源的均衡配置与流动。

（二）灵活就业的兴起

数字经济以独特的灵活性与包容性，为就业市场带来了深刻的变革。其中，灵活就业作为一种新兴的就业形态，其重要性日益凸显。这一转变，主要得益于平台经济、共享经济等新兴模式的兴起，它们借助互联网技术的力量，打破了传统就业模式对时间与空间的严格束缚，为劳动者提供了前所未有的自由度与选择权。在平台经济与共享经济的框架下，劳动者可以根据自身的情况与需求，灵活地选择工作时间与工作地点。这种灵活性，不仅体现在劳动者可以随时随地接入工作平台、完成工作任务，还体现在劳动者可以根据个人的生活节奏与兴趣偏好，自由地调整工作与休息的时间比例，从而实现工作与生活的良好平衡。这种就业模式，对于追求个性化生活、注重工作与生活品质的劳动者来说，无疑具有极大的吸引力。灵活就业模式的广泛存在，不仅在城市地区得到了充分的体现，也逐渐渗透到农村地区，为城乡就业结构带来了新的变化。在城市，灵活就业为年轻人、自由职业者等群体提供了更多的就业机会与选择，促进了城市就业市场的繁荣。而在农村，随着数字技术的普及与下沉，越来越多的农民开始接触并参与灵活就业。农民通过电子商务平台销售农产品、提供乡村旅游服务等方式，实现了在家门口就业增收，同时也促进了农村经济的多元化发展。

四、数字经济对城乡就业结构优化的作用

（一）促进劳动力转移

数字经济作为推动社会经济结构转型的重要力量，对城乡之间劳动力的转移产生了深远的影响。一方面，数字技术的广泛应用与渗透，为农村地区带来了更多的就业机会，极大地拓宽了农村劳动力的就业渠道。借助互联网平台，农村劳动力可以跨越地理界限，更加便捷地获取城市就业市场的信息，参与到城市的经济活动中。这种跨区域的就业机会，不仅提升了农村劳动力的收入水平，也促进了城乡之间经济、文化的交流与融合。另一方面，数字经济的发展推动了农村地区的产业升级与转型，为农村劳动力提供了更多的本地就业机会。随着数字农业、智慧乡村等新业态的兴起，农村地区逐渐摆脱了传统农业的低效与单一，朝多元化、高效化的方向发展。这种产业升级，不仅提升了农业生产的效率与附加值，也为农村劳动力创造了更多与数字经济相关的就业岗位，如农产品电子商务运营、农村旅游服务、数字农业技术支持等。这些岗位的出现，使得农村劳动力能够在当地找到合适的工作，减少了因外出务工而带来的家庭分离与社会成本。城乡之间劳动力的转移，是数字经济发展的必然结果，也是优化城乡就业结构、促进城乡融合发展的重要途径。在数字技术的赋能下，农村劳动力得以在更广阔的舞台上展现自己的才能，实现个人价值与社会价值的双重提升。

（二）提高就业质量

数字经济作为当代社会经济变革的重要驱动力，不仅在量的层面上显著增加了就业机会，更在质的层面上对就业质量产生了深远的影响。这一变革，体现在劳动者收入水平、工作环境、工作稳定性等多个维度的显著提升上，彰显了数字经济对改善劳动者福祉、提升就业品质的积极作用。在数字经济领域，由于技术密集度高、创新能力强，劳动者的收入水平往往高于传统产业。数字技术的广泛应用，不仅提高了生产效率，也创造了更多高附加值的就业岗位，从而拉动了劳动者收入的增长。同时，数字经济的工作环境也更为优越，无论是硬件设施、软件支持还是团队协作，都更加便捷高效，为劳动者提供了更加舒适的工作体验。

此外，数字经济的发展还增强了就业的稳定性。在数字经济时代，企业更加注重长期发展与人才培养，通过提供职业培训、晋升机会等，增强了劳动者的职业安全感和归属感。同时，数字经济的灵活性也为劳动者提供了更多的选择空间，他们可以根据自身情况，灵活调整工作时间、地点和方式，更好地实现工作与生活的平衡。数字经济的这些特性，不仅在城市地区得到了充分体现，也逐渐渗透到农村地区，推动了城乡就业市场的多元化。农村地区通过发展数字农业、农村电子商务等新兴业态，不仅增加了就业机会，也提高了农民的收入水平和工作质量。就业质量的提升，有助于优化城乡就业结构，促进城乡经济的协调发展。

第五节　技能需求变化与劳动力市场的适应性

一、技能需求变化的背景

（一）技术进步与产业升级

信息技术的飞速发展，正以前所未有的深度和广度影响着各行各业的发展轨迹。信息技术不仅代表了科技进步的前沿，更是推动社会经济结构转型的重要力量。它们的广泛应用，不仅显著提升了生产效率，降低了运营成本，还通过技术创新和模式创新，催生了大量新兴行业与新型岗位，如数据分析师、云计算工程师、人工智能算法专家等，为劳动力就业市场注入了新的活力。与此同时，传统行业也在技术的强大推动下，经历了产业升级与转型。这些变化不仅体现在生产流程的自动化、智能化改造上，更体现在对劳动者技能要求的显著提升上。传统行业对劳动者的需求，逐渐从单一的体能劳动或简单的技能操作，转向对复杂问题解决能力、创新思维能力、信息技术应用能力等多方面高阶技能的要求。劳动者不仅要具备扎实的专业知识，还要不断学习新技术、新知识，以适应快速变化的市场需求和行业发展趋势。

（二）全球化与市场竞争

全球化进程的加速，无疑将企业置于一个更加开放、多元且竞争激烈的市场环境中。企业若想在激烈的市场竞争中脱颖而出，稳固并扩大其市场份额，就必须持续提升自身的创新能力与核心竞争力。这不仅仅是对企业产品、服务或技术革新的要求，更是对企业整体战略定位、组织管理和文化建设的全面考验。面对这样的挑战，企业对劳动者的技能要求发生了巨大变化。传统的、单一的技能已难以满足当前复杂多变的市场需求。取而代之的是，企业更加看重劳动者的学习能力、创新能力和跨文化交流能力。创新能力是推动企业不断突破、实现差异化竞争的关键；而跨文化交流能力，则在全球化背景下显得尤为重要，有助于劳动者跨越文化障碍，促进国际合作与交流，为企业开拓国际市场提供有力的支持。劳动者必须不断提升自身的综合素养，以适应全球化时代对企业和个人的新要求。这既需要劳动者具备扎实的专业知识和实践技能，也需要他们具备开放的心态、敏锐的洞察力和良好的沟通协调能力。只有这样，劳动者才能在全球化浪潮中立于不败之地，为企业的发展贡献自己的力量，同时也实现个人职业的可持续发展。

（三）人口结构变化与劳动力供给

随着全球范围内人口老龄化趋势日益加剧，劳动力市场的供需平衡正面临着前所未有的挑战。这一人口结构的变化，直接导致劳动力供给逐渐减少，在某些关键行业和领域，劳动力短缺的问题尤为突出。为了有效应对这一挑战，企业在劳动力资源的管理与配置上，必须采取更为精细化和高效的策略。在这样的背景下，企业对劳动力质量的重视程度显著提升。以往，企业可能更侧重于劳动力的数量和成本考量。如今，劳动力的技能水平、专业素养以及持续学习能力，成为企业关注的焦点。这是因为，高质量的劳动力不仅能够提升企业的生产效率和服务质量，还能在激烈的市场竞争中，为企业创造更多的价值。因此，企业对劳动者的技能要求也相应提高。除了基本的岗位技能外，企业更希望劳动者具备创新思维、问题解决能力、团队协作以及跨文化交流等多方面的能力。这些能力的提升，不仅有助于劳动者更好地适应岗位需求，也能为他们的职业发展提供更广阔的空间。同时，企业也需要通过培训、激励等措施，不断激发劳动者的潜能，提升他们的技能水平，以应对挑战，实现企业的可持续发展。

二、技能需求变化的特点

（一）技能要求的多元化

1. 数字经济时代劳动者综合能力的重塑与提升

在数字经济时代下，企业运营环境与模式的深刻变革对劳动者的技能需求产生了显著影响。传统以单一专业技能为核心的劳动力市场，正逐步朝重视劳动者综合能力的方向转变。这一转变不仅体现了数字经济时代对人才素质的全面要求，更是企业应对激烈市场竞争、实现可持续发展的必然选择。劳动者的综合能力，首先表现在扎实的专业知识基础上。无论在传统行业还是新兴领域，专业知识始终是劳动者胜任岗位工作的基石。在数字经济时代，专业知识的更新速度更快，劳动者需要保持持续学习的态度，不断跟进专业领域的最新动态，以确保自身专业技能的时效性和竞争力。然而，仅有专业知识已不足以应对数字经济时代的挑战。掌握信息技术、数据分析等现代科技技能，成为劳动者适应数字化工作环境的关键。这些技能不仅能够帮助劳动者提高工作效率，还能使其在数据驱动的决策过程中发挥更大作用，从而为企业创造更高价值。除了专业技能与现代科技技能的融合，劳动者的团队协作能力也不容忽视。数字经济时代的项目往往具有跨学科、跨部门的特征，要求劳动者能够跨越专业界限，与不同背景的团队成员有效沟通、协同工作。

2. 跨界融合能力在数字经济时代的重要性与培养

随着数字经济时代的深入发展，行业间的界限逐渐模糊，跨界融合成为推动产业创新升级的重要力量。在这一背景下，劳动者的跨界融合能力显得尤为重要。它要求劳动者不仅要在本专业领域内深耕细作，还要掌握跨领域的知识和技能，以便在不同的工作场景中灵活切换、应对挑战。跨界融合能力的培养，需要劳动者保持开放的心态和浓厚的学习兴趣。通过跨学科学习、参与多元化项目实践等方式，劳动者可以不断拓宽自身的知识面，加深对不同领域的认知和理解。这种跨界知识的学习过程，不仅有助于劳动者构建更加完善的知识体系，还能激发其创新思维和解决问题的能力。同时，企业也应在人才培养过程中强调跨界融合的重要性。企业通过搭建跨部门、跨领域的合作平台，鼓励员工参与多元化项目实践，可以为劳动者提供更多跨界学习的机会和资源。这种以实践为导向的培养模式，不仅能够帮助劳动者更好地将理论知识与实际工作相结合，还能在跨界合作中挖掘新的商业机会和价值增长点。

（二）技能更新的加速

1. 技术进步引领下的劳动者学习能力的重要性

学习能力是劳动者在快速变化的技术环境中获取新知识、新技能的基础能力。随着技术的不断进步，各行各业对劳动者的技能要求也在持续升级。劳动者必须具备高效的学习策略，包括明确学习目标、制订合理的学习计划、选择恰当的学习方法等，以确保自己能够迅速掌握所需的新知识和技能。同时，良好的信息筛选能力也至关重要。它可以帮助劳动者在浩如烟海的信息中准确识别出有价值的学习资源，提高学习效率。持续的学习动力则是劳动者保持长期学习状态的关键因素。在技能需求快速迭代的背景下，劳动者需要不断激发自己的学习热情，将学习视为一种习惯而非临时任务。这种持续的学习动力来源于劳动者对职业发展的渴望、对技术进步的认同以及对自身价值的追求。

2. 市场变革下的劳动者适应能力及其对企业竞争力的影响

随着市场的快速变化，尤其是消费者需求的多元化与个性化趋势的加剧，面对前所未有的市场竞争压力，企业必须不断调整战略、创新产品与服务，以满足市场的多元化需求。市场变革直接导致了企业对劳动者技能需求的快速变化，使得劳动者的适应能力成为其职业生涯和企业发展的关键要素。劳动者的适应能力是指其在面对新环境、新任务时能够迅速调整心态、行为与策略的能力。在技能更新速度加快的背景下，劳动者的适应能力显得尤为重要。一个具备良好适应能力的劳动者能够在短时间内适应新的工作环境和岗位要求，减少因环境变化带来的工作摩擦和效率损失。同时，他们还能够根据市场需求的变化及时调整自己的工作策略，以更好地满足企业的实际需求。劳动者的适应能力不仅关乎其个人的工作效率与职业发展，而且直接影响到企业的竞争力与创新能力。一个拥有众多具有良好适应能力劳动者的企业，能够更快速地响应市场变化，更灵活地调整业务策略，从而在激烈的市场竞争中脱颖而出。此外，劳动者的适应能力还有助于企业内部形成良好的创新氛围。能够迅速适应新环境、新挑战的劳动者，更有可能在工作中提出创新性的想法和解决方案，为企业的持续发展注入新的活力。

（三）技能需求的个性化

1. 全球化背景下企业对劳动者技能的多样化需求

在全球化浪潮的推动下，企业运营环境日益开放和多元，市场边界逐渐模糊，竞争态势也愈加激烈。这一变革趋势对企业产品与服务提出了更高要求。特别是在满足不同地域、文化背景的客户需求方面，多样化与个性化成为企业追求的关键目标。全球化不仅意味着市场的扩张，更带来了文化的交融和思维的碰撞。企业在面对不同国家和地区的客户时，需要深入了解他们的消费习惯、价值观念和审美取向，以提供符合不同市场需求的产品和服务。这就要求劳动者具备跨文化沟通和理解的能力，能够灵活应对各种文化差异带来的挑战。同时，随着国际合作的不断深入，企业还需要劳动者掌握外语、国际贸易等专业技能，以更好地与全球伙伴进行交流和合作。此外，全球化还加剧了市场竞争。为了在竞争中脱颖而出，企业必须不断创新，打造独具特色的产品和服务。这要求劳动者不仅要具备扎实的专业技能，还要拥有创新思维和解决问题能力，能够为企业提供源源不断的创新动力。

2. 数字化时代企业对劳动者技能的个性化要求

数字技术的广泛应用催生了大量新型岗位和职业，如数据分析师、软件工程师、网络安全专家等。这些岗位对劳动者的技能要求具有高度的专业性和个性化特点。例如，数据分析师需要精通数据挖掘和分析技术，能够从海量数据中提炼出有价值的信息；软件工程师则需要掌握多种编程语言和开发工具，以构建高效稳定的软件系统。这些个性化技能要求反映了数字化时代企业对劳动者专业素养的精准把控。同时，数字技术还推动了传统行业的转型升级。在这一过程中，企业需要对现有业务流程进行数字化改造，以提高生产效率和降低成本。这就要求劳动者不仅要熟悉传统业务知识，还要掌握数字技术和工具的使用方法，以适应企业数字化转型的需求。

三、技能需求变化对劳动力市场的影响

（一）就业结构的调整

技能需求的变化，既是技术进步与市场需求双重作用的结果，也是社会经济发展到一定阶段的必然产物。新兴行业与岗位的不断涌现，如数字经济、人工智能、绿色能源等领域，为劳动者提供了更为多元化的就业机会。这些新兴领域不仅要求劳动者具备前沿的技术知识与技能，还鼓励他们发挥创新思维，推动行业的持续发展与创造。然而，与此同时，传统行业与岗位的消亡，如某些制造业、零售业等受到数字化冲击较大的领域，使得部分劳动者面临失业的风险。这种就业结构的调整，对劳动者的职业规划与职业发展提出了新的挑战。为了适应这种变化，劳动者需要不断调整自己的职业规划，提升自身的技能水平与综合素质，以增强在就业市场上的竞争力。

（二）职业发展路径的多样化

在数字经济时代，劳动者的职业发展路径主要得益于信息技术的飞速发展与广泛应用。它不仅极大地丰富了职业内涵，也为劳动者提供了跨行业、跨领域发展的广阔舞台。劳动者通过持续学习新技能、新知识，不仅可以提高自身在某一专业领域的造诣，更可以拓宽视野，实现职业发展的多元化。这种跨界的职业发展路径，不仅有助于劳动者提升个人竞争力，也为他们带来了更多的职业机会与选择。同时，数字经济时代的新型工作模式，如远程工作、灵活工作等，进一步打破了地域与时间的限制，为劳动者的职业发展提供了更大的自由。这些新型工作模式，使得劳动者可以在不同的地点、不同的时间段，根据自己的兴趣与能力，选择最适合自己的工作方式。灵活性的增加，不仅有助于劳动者更好地平衡工作与生活，也为他们创造了更多的职业发展可能性。

（三）劳动力市场的竞争加剧

技能需求的变化作为当前劳动力市场的重要特征，无疑加剧了市场竞争。这一变化，既源于技术进步的快速推进，也受市场需求动态变化的深刻影响。在此背景下，高技能人才因具有稀缺性和高价值性，成为企业竞相争夺的对象。这些人才通常具备深厚的专业知识、精湛的技能以及持续的学习能力，能够为企业带来显著的创新效益和竞争优势。然而，与此同时，低技能人才面临着更加严峻的就业压力。由于技能水平的限制，低技能人才在劳动力市场上的竞争力相对较弱，往往难以获得理想的就业机会和薪酬待遇。这种技能差异导致的就业不平等现象，进一步加剧了劳动力市场的分裂和极化。

四、劳动力市场的适应性策略

（一）加强教育培训与职业规划

为了适应快速变化的技能需求，劳动力市场必须强化教育培训与职业规划。这一适应过程需要行政部门、企业与教育机构三方紧密合作与共同努力。行政部门应发挥制度引导作用，通过制定相关法规、提供财政支持等方式，为教育培训资源的丰富与优化配置创造有利条件。企业应积极参与其中，根据自身的发展需求，与教育机构合作开展定制化培训项目，为劳动者提供实践机会与职业晋升路径。教育机构则需不断创新教学方法与内容，结合市场需求与技术趋势，为劳动者提供多样化、高质量的教育培训资源。在此过程中，劳动者个人也应承担起自我提升的责任。他们应密切关注市场动态与技术前沿，制定合理的职业规划，明确自身的发展方向与目标。通过参与各类教育培训活动，劳动者可以不断更新知识结构，提升技能水平，增强在就业市场上的竞争力。同时，劳动者还应培养终身学习的意识与能力，以适应不断变化的工作环境与职业要求。

（二）推动产学研用深度融合

产学研用深度融合模式强调企业、高校与科研机构之间的紧密合作与交流，旨在促进技术创新与人才培养的有机结合，从而有效应对快速变化的技能需求挑战。企业通过与高校和科研机构合作，可以共享前沿科技成果与知识资源，加速技术创新与产业升级。同时，这种合作模式也为企业提供了源源不断的人才支持，有助于构建稳定的人才供应链。高校与科研机构通过与企业合作，可以更好地了解市场需求，调整教学内容与科研方向，培养出更符合企业需求的高素质人才。对于劳动者而言，产学研用深度融合提供了更多的实践机会和职业发展平台。他们可以在实际项目中锻炼技能、积累经验，从而提升综合素质。同时，这种合作模式也有助于劳动者建立更广泛的职业网络，为未来的职业发展奠定坚实的基础。

（三）完善职业技能鉴定与认证体系

职业技能鉴定与认证体系作为衡量劳动者技能水平的关键标尺，对于促进劳动力市场的健康发展、提升劳动者就业竞争力具有不可替代的作用。为了适应不断变化的技能需求，必须不断完善这一体系，确保其科学性、公正性以及与国际接轨的先进性。在完善职业技能鉴定与认证体系的过程中，应注重对技能标准的动态更新，确保鉴定内容与实际工作需求紧密相连。同时，要采用科学、客观的评价方法，提高鉴定的准确性和公信力。此外，还应加强对鉴定机构的监管，确保其严格按照标准开展鉴定工作，维护鉴定结果的公正性。推动职业技能鉴定的国际化进程，是提升我国劳动者国际竞争力的重要举措。与国际职业技能鉴定机构进行交流与合作，可以引进国际先进的鉴定理念和技术，提升我国职业技能鉴定的整体水平。同时，这也有助于推动我国职业技能标准与国际接轨，为劳动者提供更多的国际认证机会，增强其在国际劳动力市场上的竞争力。

（四）鼓励创新与创业精神

创新与创业精神作为推动劳动力市场适应技能需求变化的核心动力，对于激发劳动者潜能、促进经济持续增长以及社会繁荣进步具有深远意义。行政部门与企业应共同营造一个鼓励创新、支持创业的良好环境，为劳动者提供必要的资源与制度支持。创新不仅体现在技术、产品或服务上，也体现在思维方式和行为模式上。鼓励劳动者积极创新，意味着要培养他们的问题解决能力、批判性思维以及跨学科合作能力，使他们能够不断适应并引领技能需求的变化。而创业精神则要求劳动者具备勇气、决心以及市场敏锐度，能够将创新成果转化为实际的经济价值和社会影响力。通过创新与创业，劳动者不仅能够为自己创造更多的就业机会和更大的职业发展空间，还能够带动相关产业的兴起与发展，从而推动经济的持续增长。同时，创新与创业活动也有助于培养劳动者的社会责任感与公民意识，促进社会的和谐与进步。

第六节 劳动力素质提升在数字经济中的作用

一、塑造数字化思维与行为模式

(一) 数据敏感性的增强与高效决策

具备数字化思维的劳动力的首要特征便是对数据的高度敏感性。这种敏感性不仅体现在能够快速捕捉和识别海量数据中的有效信息,更在于能够深刻理解这些数据背后所蕴含的商业价值和社会意义。数据敏感性的增强,使得劳动力在面对复杂多变的市场环境时,能够迅速作出基于数据的科学决策。他们懂得如何运用各种数据分析工具,从纷繁复杂的数据中提炼出有价值的信息,进而指导企业的战略规划和日常运营。这种以数据为驱动的决策方式,不仅提高了决策的准确性和效率,更有助于企业在激烈的市场竞争中抢占先机。此外,具备数字化思维的劳动力还能够通过持续的数据跟踪和分析,及时发现业务流程中存在的问题和瓶颈,从而推动企业进行针对性的优化和改进。

(二) 逻辑分析能力的提升与问题解决的创新性

在数字经济时代,企业面临的问题往往更加复杂和多元,这就要求劳动者在具备扎实专业知识的同时,还必须拥有强大的逻辑分析能力。具备数字化思维的劳动者,能够运用系统化的思维方法,对复杂问题进行深入剖析和拆解,找出问题的根源和关键影响因素。他们懂得如何从不同角度审视问题,提出富有洞察力的见解和解决方案。这种强大的逻辑分析能力,使得他们在面对复杂挑战时能够迅速找到突破口,推动企业走出困境。同时,数字化思维还鼓励劳动力在解决问题时展现创新精神。他们不满足于传统的解决方案,而是勇于尝试新的方法和思路。运用数字技术,他们能够创造出令人耳目一新的解决方案,为企业带来颠覆性的创新成果。

二、增强跨领域协作与整合能力

（一）跨领域知识的理解与沟通能力强化

数字经济推动了各行各业的深度融合，使得原本独立的领域开始产生紧密的联系。在这一背景下，劳动力需要具备跨领域的知识储备和理解能力，以适应这种融合趋势。劳动力素质的提升，在这方面首先表现为员工能够主动学习和掌握多个领域的基础知识，构建多元化的知识体系。这不仅有助于他们更好地理解不同领域间的内在联系，还能够为跨界创新提供灵感和思路。同时，跨领域协作还要求劳动力具备出色的沟通能力。在数字经济环境下，信息的流动和共享变得尤为重要。劳动力需要能够运用专业术语和通俗语言，与不同背景的人进行有效沟通。这种沟通能力不仅限于语言本身，更包括对数据、图表等信息的解读和传递能力。

（二）资源整合与协同创新能力的提升

具备跨领域协作与整合能力的劳动力，能够洞察各类资源的潜在价值，并通过有效的整合方式，将这些资源转化为实际的生产力。他们不仅善于在内部团队中协调资源，还能够积极寻求外部合作，实现更广泛的资源对接和优势互补。这种资源整合能力有助于打破传统行业壁垒，促进企业间的深度合作和共同发展。在资源整合的基础上，劳动力还需要具备协同创新的能力。数字经济鼓励跨界创新和协同发展，要求劳动力能够跳出固有的思维框架，与不同领域的人才共同探索新的解决方案。具备协同创新能力的劳动力能够积极参与创新实践，提出富有创意的观点和建议，推动跨界项目的成功实施。他们懂得如何在创新过程中平衡各方利益，调动团队成员的积极性和创造力，从而为企业创造更大的价值。

三、培养终身学习与自我进化意识

（一）终身学习意识与持续技术跟踪

数字经济时代，技术的快速发展和不断创新成为推动社会进步的重要动力，在这种背景下，劳动力必须树立终身学习的意识，以面对技术变革带来的挑战。终身学习意识意味着劳动力要摒弃传统的一次性教育观念，转而接受持续学习、不断更新知识的新理念。具备终身学习意识的劳动力会主动关注技术发展趋势，及时了解和掌握新兴技术。他们通过参加专业培训、阅读行业资讯、参与技术社区等方式，不断拓展自己的知识边界，确保自己始终站在技术前沿。这种持续的技术跟踪能力，使劳动力能够迅速适应市场变化，把握新的发展机遇，从而在激烈的竞争中保持领先地位。此外，终身学习意识还有助于劳动力培养创新思维和解决问题的能力。在持续学习的过程中，劳动力不断接触新知识、新观念，这有助于激发他们的创新思维，提高解决问题的灵活性和创造性。终身学习意识对于应对数字经济时代的复杂挑战具有重要意义。

（二）自我进化意识与未来能力培养

自我进化意识强调劳动力要具备自我驱动、自我完善的能力，能够在不断变化的环境中实现自我成长和突破。具备自我进化意识的劳动力会着眼于对自身未来能力的培养，而不仅仅局限于对当前技能的掌握。他们深知在数字经济时代，只有不断进化、适应变革，才能在职业生涯中立于不败之地。因此，他们会主动规划自己的职业发展路径，制定明确的学习目标，并通过各种途径提升自己的综合素质。自我进化意识还体现在劳动力对待挑战和失败的态度上。他们敢于面对挑战，勇于尝试新事物，即使在遭遇失败时也能保持积极的心态，从中汲取经验教训，从而不断调整自己的发展策略。这种坚韧不拔的精神和勇于自我革新的态度，使他们在数字经济时代能够不断突破自我，实现职业生涯的持续发展。

四、提升数字化伦理与安全意识

（一）数字化伦理意识的增强与企业声誉的维护

数据的收集、存储和使用过程中存在着诸多伦理问题，如数据滥用、隐私侵犯等。这些问题一旦处理不当，不仅可能损害企业的声誉，还可能引发法律纠纷和社会信任危机。因此，增强劳动力的数字化伦理意识显得尤为重要。具备高度数字化伦理意识的劳动力能够深刻理解数据处理过程中的道德责任和义务，在处理敏感数据时始终保持谨慎和尊重，确保数据的合法性和正当性。数字化伦理意识的提升，不仅有助于维护企业的声誉和形象，更能够促进企业与客户之间建立长期稳定的信任关系。此外，数字化伦理意识的增强还有助于推动企业内部文化的正向发展。注重伦理道德的企业，必然能够吸引到更多具有相同价值观的人才，从而形成良好的企业氛围和团队合作精神。

（二）安全意识的提升与企业运营的稳定性

具有高度安全意识的劳动力能够在日常工作中时刻保持警惕，严格遵守数据安全和隐私保护相关的法规，有效防范各种潜在的安全风险。安全意识的提升对企业运营的稳定至关重要。一个安全漏洞可能导致企业的重要数据被窃取或篡改，进而引发重大的经济损失和声誉损害。而通过提升劳动力的安全意识，企业可以构建起一道坚固的安全防线，确保数据的完整性和保密性，从而维护企业运营的稳定性和可持续性。此外，安全意识的提升还有助于提高企业的应急响应能力。在面对突发的安全事件时，具备高度安全意识的劳动力能够迅速做出反应，采取有效的措施来控制或消除风险，最大限度地减少损失。

五、促进人机协同与智能化发展

（一）人机协同能力的强化

随着人工智能技术的普及，越来越多的智能机器和系统被引入各行各业中，与劳动力共同承担工作任务。在这种背景下，劳动力需要具备与智能机器和系统有效协同的能力，以实现工作效率和质量的整体提升。人机协同能力的强化首先要求劳动力对智能机器和系统的基本原理和功能有深入的了解。

他们需要熟悉这些智能工具的操作流程，掌握与机器交互的基本技能。通过这种了解，劳动力能够更好地理解机器的工作逻辑，从而在协同工作中发挥各自的优势，形成互补效应。此外，人机协同还涉及团队协作和沟通能力的提升。在人机混合团队中，劳动力需要学会与不同背景的成员（包括人类和机器）进行有效沟通，确保信息的准确传递和任务的顺利执行。他们还需要具备跨部门、跨领域的协作能力，以应对复杂多变的工作场景。

（二）智能化技术的应用与推动

随着技术的不断进步，智能化已经成为企业转型升级的重要驱动力。具备相关素质和技能的劳动力能够更好地理解和应用这些技术，从而推动企业的智能化进程。智能化技术的应用要求劳动力具备数据分析和处理能力。在数字经济时代，数据已经成为重要的生产要素。劳动力需要学会利用数据分析工具来挖掘数据的价值，为企业的决策提供科学依据。同时，他们还需要具备数据安全意识，确保数据的合法性和安全性。此外，劳动力还需要具备创新思维和持续学习的能力。智能化技术日新月异，要求劳动力能够紧跟技术发展的步伐，不断更新自己的知识体系。他们需要具备创新思维，勇于尝试新的技术和方法，以推动企业的智能化转型和升级。同时，持续学习的能力也是必不可少的，它能够帮助劳动力在职业生涯中不断提升自己，适应不断变化的市场需求。

第四章　数字经济对劳动力就业质量的影响

第一节　就业质量的定义与衡量标准

一、就业质量的定义

就业质量作为一个深层次、宽范畴的议题，已经超越了单一的经济收入维度，成为衡量现代社会劳动力市场健康与否的关键指标。从广义的视角去剖析，就业质量不仅仅关乎每一个劳动者的经济状况、日常的工作环境质量，或是长远的职业发展路径，在宏观层面上，更与整个社会的经济环境、劳动力市场的供需动态、制度法规的制定与执行紧密相连。这种全方位的关联性使得就业质量成为了一个能够全面反映劳动者生存状态与社会经济发展水平的"晴雨表"。从狭义的角度去解读，就业质量则更像是一把精准的尺子，用于度量劳动者在个体层面上的工作满意度、所获得的薪酬福利是否公平合理、工作是否稳定，以及未来职业发展的前景是否广阔。这些具体而微的指标，虽然看似琐碎，但实际上却直接关系到每一个劳动者的日常生活品质和个人职业成长的空间。因此，不难看出，就业质量的影响是深远而广泛的，它不仅直接决定了劳动者的生活质量和个人发展的可能性，更在宏观上反映了一个国家或地区劳动力市场的运行效率和社会经济的整体发展状况。提升就业质量，不仅仅是为了满足劳动者对更好生活的向往和追求，更是为了实现社会的长期稳定和经济的可持续增长。这是一项需要行政部门、企业、劳动者三方共同努力，通过制度引导、市场调节和个体努力来共同推动的伟大事业。

二、就业质量的衡量标准

（一）薪酬福利

薪酬福利作为衡量就业质量的核心指标，其涵盖的范围广泛且复杂，不仅包括传统的基本工资、绩效奖金、各类津贴，还涉及更为现代的股票期权等形式的报酬。这一体系构建得是否合理，直接关系到劳动者的切身利益，同时也是组织能否有效激励员工、保持人才竞争力的关键。一个科学合理的薪酬福利体系，首先必须能够全面、准确地反映劳动者所承担的工作职责。这意味着，薪酬的设定不应仅仅基于职位的高低，而应深入到具体的工作内容、所需的技能水平、所承担的责任风险等多个层面。此外，劳动者的经验水平也是一个不可忽视的因素。经验丰富的员工往往能够为企业带来更高的价值，这在他们的薪酬上也应相应地得到体现。除了上述的内部因素，薪酬福利体系还必须敏锐地捕捉市场的供需变化。在劳动力市场上，不同行业、不同职位的薪酬水平是动态变化的，这要求企业在设定薪酬时，必须充分考虑市场的实际情况，以确保自身的薪酬水平既具有吸引力，又不会造成不必要的成本负担。公平性和竞争力是薪酬福利体系的两大基石。公平性意味着，同一组织内的员工，在付出相同努力、创造相同价值的情况下，应获得相当的报酬。而竞争力则要求企业的薪酬水平能够与市场上的其他企业相抗衡，以吸引和留住优秀的人才。只有当薪酬福利体系同时具备了这两个特点时，才能真正激发劳动者的工作积极性和创造力，从而推动组织的持续发展。

（二）工作环境

工作环境这一评价就业质量的关键要素，其实质内涵远超表面的设施条件。它深入涵盖了物理和心理两大维度，共同构筑了劳动者每日工作的实际场景。在物理层面，工作环境包括了诸如办公设施的完善程度、工作场所的安全性与卫生状况的好坏等硬件条件。这些看似基础的因素，实则对劳动者的日常工作效率产生着深远的影响。例如，先进的办公设施能够助力员工高效完成任务，而一个安全、整洁的工作场所则能确保员工的身体健康，避免因不良环境导致的健康问题。然而，对工作环境的评价并不仅限于此。心理环境作为一个更为隐性和复杂的方面，同样占据着举足轻重的地位。它主要涉及团队氛围和谐与否、工作压力适度与否，以及员工在工作中是否能感受到足够的支持与尊重。一个积极向上、团结协作的团队氛围能够极大地提升员工的工作满意度和归属感，从而激励他们更加投入的工作。而合理的工作压力，则能在推动员工不断挑战自我的同时，避免过度压力带来的负面效应。综合来看，一个优良的工作环境是提升就业质量不可或缺的一环。它不仅能通过改善物理条件来提高员工的工作效率，更能通过优化心理环境来维护员工的身心健康。在这样的环境中，员工能够全身心地投入到工作中，在实现自我价值的同时，也为企业创造更大的价值。

（三）工作稳定性与职业发展

1. 工作稳定性：长期就业的保障与风险规避

工作稳定性作为衡量就业质量的重要指标之一，其核心在于劳动者能否获得持续、不间断的就业机会。这一指标的强弱直接关系到劳动者的经济安全感和职业前景。在现代社会，随着技术的飞速进步和全球经济的深度融合，劳动力市场日益呈现出多变的特点。因此，工作稳定性显得尤为重要，它不仅是劳动者个人职业生涯的基石，更是社会稳定和经济发展的关键。深入剖析工作稳定性的内涵，不难发现，它其实包含了两个层面的意义。从微观个体层面来看，工作稳定性意味着劳动者能够在一个相对长的时间内保持其职业身份和收入来源，从而得以制订并执行个人的生活目标和财务计划。工作稳定性有助于劳动者形成积极的职业预期，提升工作满意度，进而促进工作效率和质量的提升。从宏观社会层面来审视，工作稳定性则体现为一个国家或地区劳动力市场的稳健性和抗风险能力。在全球化浪潮下，外部经济环境的波动和突发事件的冲击都可能对国内就业市场造成显著影响。因此，一个具备高度稳定性的劳动力市场能够更好地抵御这些外部风险，保障劳动者的基本权益，同时也为经济的可持续发展提供坚实的人力支撑。为了提升工作稳定性，行政部门和企业需要共同努力，通过完善法律法规、优化就业制度、加强职业培训等措施，为劳动者创造更加稳定和有保障的就业环境。

2. 职业发展：广阔空间与持续成长的机遇

职业发展是衡量就业质量的另一关键因素，它关注的是劳动者在职业生涯中能否获得持续进步和成长的机会。一个优质的就业岗位，不仅应该有稳定的收入来源，更应该为劳动者搭建一个广阔的职业发展平台，使他们能够在不断的学习和实践中实现自我价值的最大化。职业发展对于劳动者个人而言，意味着有更多的晋升机会、更高的薪酬待遇以及更丰富的职业体验。这些都是激发劳动者工作热情和创造力的重要因素。当劳动者能够在工作中不断挑战自我、超越自我，他们的工作满意度和成就感也会随之提升，从而有更加积极的职业态度和更高的工作效率。同时，职业发展对于组织和社会也具有重要意义。能够为员工提供良好职业发展机会的组织，往往能够吸引并留住更多的优秀人才，从而增强自身的核心竞争力。而充满活力和创造力的劳动力市场，则能够为社会的创新和进步提供源源不断的动力。实现高质量的职业发展，需要行政部门、企业以及劳动者自身的共同努力。行政部门应该通过制定和执行相关制度，为劳动者创造公平、透明的职业竞争环境；企业应该建立完善的员工培训体系，为员工的职业发展提供有力的支持；而劳动者自身也需要不断学习和提升，以适应不断变化的市场需求，把握职业发展的每一个机遇。

（四）工作满意度与社会认可度

1. 工作满意度：多维度评价与就业质量的提升

工作满意度作为衡量劳动者对工作整体感受的关键指标，其重要性不言而喻。这一指标并非单一维度，而是涵盖了工作内容、同事关系、上下级沟通等多个层面，构成了一个复杂而全面的评价体系。在这个体系中，每个方面都对劳动者的心理状态和工作表现产生着深远影响。劳动者对于自己所从事工作的兴趣、挑战性以及成就感的感知，直接影响着他们的工作热情和投入程度。当工作内容与劳动者的职业期望和价值观相匹配时，他们更有可能体验到很高的工作满意度，从而展现出更优秀的工作绩效。一个和谐融洽的团队氛围以及畅通有效的沟通机制，能够显著提升劳动者的工作愉悦感和归属感。在这样的环境中，劳动者不仅能够获得来自同事的支持和帮助，还能够感受到组织的关怀和重视，从而更加积极地投入到工作中。高满意度的工作对于劳动者而言意味着更多的工作动力和更好的心理状态，这无疑对提升就业质量具有积极作用。因此，企业和组织应当重视并不断优化工作环境和氛围，努力提高员工的工作满意度，以实现更高效的人力资源利用和更可持续的组织发展。

2. 社会认可度：职业尊严与就业质量的彰显

社会认可度指的是某一职业或岗位在社会大众心目中的地位、声誉以及被接受和尊重的程度。一个受到社会广泛认可和尊重的职业，往往能够赋予劳动者更多的自豪感和成就感，从而提升他们的整体就业质量。社会认可度的高低与多种因素密切相关，包括但不限于该职业的专业性、技术含量、社会贡献以及薪资待遇等。例如，医生、教师等职业因其高度的专业性和对社会的重要贡献而普遍受到社会的尊重和认可。这种认可不仅为从事这些职业的劳动者带来了精神上的满足，也为他们的职业发展提供了更多的机会和资源。对于劳动者而言，选择一个社会认可度高的职业意味着能够在工作中获得更多的支持和理解，同时也更有可能实现个人的职业抱负和价值。这种正向的反馈机制有助于激发劳动者的工作热情和创造力，进而提升整个社会的劳动生产率和创新能力。

（五）劳资关系与劳动保障

1. 和谐劳资关系：稳固就业质量的基石

在探讨就业质量时，和谐的劳资关系无疑是一个不可忽视的重要方面。

劳资关系，即劳动者与资本所有者之间的关系，在现代企业中具体表现为员工与管理层、工会与公司之间的互动与合作。和谐的劳资关系不仅能够切实保障劳动者的合法权益不受侵犯，更能够为企业内部的稳定和持续发展奠定坚实基础。和谐的劳资关系首先体现在对劳动者权益的充分尊重和保护上。这包括但不限于合理的薪酬待遇、安全的工作环境，以及劳动者在参与企业决策和分享企业发展成果方面的权利。当这些权益切实得到保障时，劳动者会感受到更强的归属感和认同感，从而更加积极地投入到工作中，为企业的长远发展贡献自己的力量。此外，和谐的劳资关系还有助于促进企业内部的稳定和团结。在劳资双方能够平等对话、有效沟通的基础上，企业能够更好地理解劳动者的需求和期望，及时调整管理策略，以消除潜在的矛盾和冲突。这种稳定和谐的环境有利于企业形成积极向上的文化氛围，提升整体竞争力，进而在激烈的市场竞争中脱颖而出。

2. 完善劳动保障制度：就业质量的全面提升

劳动保障制度是提升就业质量的另一关键因素，它涉及劳动合同签订、社会保险缴纳、劳动争议处理等多个环节，是确保劳动者在工作过程中得到应有保障和支持的重要体系。这一制度的完善与否，直接关系到劳动者的切身利益，同时也影响着劳动力市场的公平性和效率。劳动合同的签订是劳动保障制度的基石。通过明确双方的权利和义务，劳动合同为劳动者提供了法律上的保护，防止因信息不对称或权力不平衡而导致的权益受损。社会保险缴纳则是劳动保障制度的重要组成部分，它涵盖了养老、医疗、失业等多个方面，在劳动者面临各种风险时为其提供了必要的经济支持。劳动争议处理机制的完善也是劳动保障制度不可或缺的一环。在劳动关系日益复杂多变的背景下，及时有效的处理劳动争议对维护劳资双方的合法权益、保持劳动关系的和谐稳定具有重要意义。公正高效的劳动争议处理体系，能够在冲突发生时迅速介入，通过调解、仲裁等方式化解矛盾，从而避免矛盾的升级和扩大。就业质量的衡量标准见表4-1。

表 4-1　就业质量的衡量标准

衡量维度	具体指标	说明
薪酬福利	1. 基本工资	反映员工的基本生活需求和满足程度
	2. 奖金与津贴	体现员工工作表现的额外报酬
	3. 股票期权	针对部分员工的长期激励措施
工作内容	1. 挑战性	工作任务是否能够激发员工潜力
	2. 多样性	工作内容是否丰富多样，避免单一重复
	3. 重要性	工作是否对公司或社会有重要意义
	4. 价值与意义	员工是否能从工作中找到个人价值与社会意义
工作环境	1. 物理环境	办公设施、工作场所的舒适度和安全性
	2. 工作氛围	团队合作、上下级关系以及整体文化氛围
职业发展	1. 晋升机会	员工在公司内部的晋升空间和速度
	2. 调岗机会	员工在不同部门或岗位间调整的可能性
	3. 培训与学习	公司提供的职业培训和继续教育机会
工作稳定性	1. 长期合同	员工与公司签订的长期工作合同的情况
	2. 裁员风险	公司裁员风险及员工离职率
培训与学习	1. 培训机会	公司定期或不定期提供的培训项目
	2. 学习资源	公司提供的学习材料、在线课程等
企业文化	1. 价值观契合度	员工个人价值观与企业文化的契合程度
	2. 员工参与度	员工参与企业文化建设和活动的积极性
社会责任	1. 环保与社会贡献	公司在环保和社会公益方面的投入和表现
	2. 员工志愿服务	员工参与社会志愿服务的机会和情况

第二节　数字经济对劳动报酬与工作条件的影响

一、数字经济对劳动报酬的影响

（一）提高劳动生产率与劳动报酬

1. 数字经济核心：数据资源的开发与利用

数字经济的核心，在于其深度挖掘和利用数据资源这一新型生产要素。

数据作为信息时代的"石油"，已经渗透到社会经济的每一个角落，成为推动经济发展的关键动力。数字经济的崛起，正是基于对数据资源高效、精准和创新的开发利用，从而引发了生产方式和经济结构的深刻变革。在数字经济时代，数据不再仅仅是简单的信息记录，而成为具有重要价值的经济资源。通过先进的大数据技术，企业和组织能够从海量数据中提取出有价值的信息，进而洞察市场趋势、优化决策流程、提升运营效率。对数据价值的深度挖掘，不仅为企业带来了巨大的商业机会，也为整个社会经济的发展注入了新的活力。例如，在零售行业中，通过对消费者购物数据的分析，企业可以精准地了解消费者的购买偏好和消费习惯，从而制定出更加有效的营销策略和产品组合。这种基于数据的精准营销，不仅提高了企业的销售额，也提升了消费者的购物体验。除了价值挖掘外，数字经济还推动了数据资源的创新应用。随着人工智能、物联网、云计算等技术的不断发展，数据资源的应用场景越来越广泛，从智能制造、智慧城市到精准医疗、个性化教育等各个领域都能看到数据的身影。这些创新应用不仅提高了生产效率和生活质量，也催生了新的经济增长点。以智能制造为例，通过在生产设备上安装传感器和收集生产数据，企业可以实现对生产过程实时监控和优化。这种基于数据的智能制造模式，不仅提高了生产效率和产品质量，也降低了生产成本和资源消耗。

2. 数字经济推动劳动生产率与劳动报酬的提升

在数字经济的推动下，各类企业和组织纷纷采用先进的技术手段，如大数据分析、人工智能等，以优化生产流程和提高劳动生产率。技术革新带来的劳动生产率提升，进一步为劳动者带来了更高的劳动报酬。数字经济时代的技术革新，为企业优化生产流程提供了强大的工具。通过引入自动化和智能化设备，企业能够减少重复性劳动，提高生产效率。同时，借助大数据分析和人工智能技术，企业可以更加精准地预测市场需求，从而合理安排生产计划，减少库存积压和浪费。这些技术革新不仅改变了传统的生产方式，还使得企业能够更加高效地利用资源，提升整体的生产效率。当生产流程得到优化时，企业能够在单位时间内创造更多的价值，这为劳动者获得更高的劳动报酬奠定了基础。在数字经济背景下，随着生产流程的优化和生产效率的提高，劳动者在单位时间内所创造的价值也相应增加。这种价值的增加直接反映在劳动者的报酬上，表现为工资水平的提升和福利待遇的改善。此外，数字经济还通过创造更多的就业机会和岗位，为劳动者提供了更广阔的发展空间。随着数字经济的不断发展，越来越多的行业开始与科技融合，这为劳动者提供了更多的职业选择和晋升机会。当劳动者能够从事更高技能、更高需求的工作时，他们的劳动报酬自然也会得到提升。

（二）薪酬结构的多元化与个性化

1. 数字经济推动薪酬结构多元化

随着数字经济的蓬勃发展，传统的薪酬结构正在经历深刻的变革。这一变革的背后，是企业对人力资源管理模式的创新追求，以及员工对于更加灵活和多样化报酬机制的期待。数字经济时代，薪酬结构不再局限于单一的基本工资和奖金，而是向着多元化、综合化的方向发展。在多元化的薪酬结构中，企业引入了诸如股权激励、项目收益分享等新型薪酬方式。这些方式不仅与员工的工作表现紧密挂钩，更能有效地激发员工的积极性和创造力。例如，通过股权激励，员工可以成为公司的"合伙人"，与公司共享成长的红利，这种长期的利益捆绑有助于增强员工的归属感和忠诚度。而项目收益分享则能让员工直接感受到自己工作成果的价值，从而提升工作的满足感和成就感。多元化的薪酬结构还体现在对非物质报酬的重视上。在数字经济时代，企业更加注重员工的职业发展和个人成长，因此，提供培训机会、职业规划辅导等非物质报酬也成为薪酬结构中的重要组成部分。

2. 数字经济促进薪酬水平差异化

数字经济时代，企业对人才的评价和激励机制也日趋精细化，这直接推动了薪酬水平的差异化。传统的"一刀切"式薪酬体系已无法满足现代企业对人才激励的需求。因此，由于个人能力和贡献的差异，劳动者的薪酬水平呈现出更大的差异性。这种差异性体现在多个层面。首先，不同岗位的员工，由于工作职责、技能要求以及对企业价值的贡献不同，其薪酬水平自然也会有所差异。例如，关键技术岗位的员工可能会获得更高的薪酬，以体现其对企业核心竞争力的重要贡献。其次，同一岗位上的员工，由于个人能力、工作表现以及对企业目标的贡献度不同，薪酬也会有所不同。这种差异化的薪酬策略能够更准确地反映员工的实际价值，从而激发其工作动力和创新精神。最后，数字经济还推动了绩效管理的创新，使得薪酬与绩效的关联更加紧密。通过大数据和人工智能技术，企业可以更加精准地评估员工的工作表现，并据此调整其薪酬水平。这种以绩效为导向的薪酬体系，不仅有助于提高员工的工作积极性，还能促进企业整体业绩的提升。值得注意的是，薪酬水平的差异化并不意味着不公平或歧视。相反，它是一种更加精细和科学的激励机制，旨在更好地识别和奖励那些为企业作出重要贡献的员工。

（三）灵活就业与收入不稳定性

1. 数字经济下灵活就业机会的涌现

在数字经济的浪潮下，灵活就业作为一种新型的就业形态，正日益受到广泛关注。数字经济以其独特的魅力和强大的包容性，为劳动者提供了前所未有的就业选择和机会。网络写手、电子商务卖家、自媒体运营者等职业应运而生，成为数字经济时代灵活就业的典型代表。这些灵活就业岗位的涌现，得益于数字技术的飞速发展和普及。互联网、大数据、云计算等技术的运用，打破了传统行业的时空限制，使得劳动者能够在任何时间、任何地点进行工作。这种行业高度的灵活性和自主性，吸引了大量有意愿、有能力的劳动者涌入数字经济领域，寻求适合自己的就业机会。同时，数字经济下的灵活就业也呈现出多元化的特点。与传统行业的单一就业模式不同，数字经济为劳动者提供了多种多样的就业方式和职业路径。无论是通过创作内容获取收益的网络写手，还是借助电子商务平台开展销售活动的电子商务卖家，抑或是运营自媒体账号实现价值变现的自媒体运营者，他们都能够在数字经济的大潮中找到属于自己的位置。

2. 灵活就业带来的收入不稳定

尽管数字经济为劳动者提供了更多的灵活就业机会，但同时也伴随着收入不稳定的问题。这种不稳定性主要源于灵活就业的特殊性质以及与之相关的市场需求、项目周期等因素。首先，灵活就业往往与项目制、合同制等用工方式相关联。这意味着劳动者的工作内容和收入往往与特定的项目或合同紧密相关。一旦项目结束或合同到期，劳动者可能会面临收入锐减甚至失业的风险。此外，由于项目或合同的执行过程中可能存在变更、延期等不确定性因素，劳动者的收入也可能会受到相应的影响。其次，市场需求的波动也是导致灵活就业收入不稳定的重要原因。数字经济领域的竞争日益激烈，市场需求的变化速度也在加快。一旦劳动者的服务或产品无法满足市场的最新需求，其收入就可能会受到严重影响。同时，由于数字经济领域的市场准入门槛相对较低，大量劳动者的涌入也可能会对原有劳动者的收入造成冲击。再次，项目周期的长短也会对灵活就业者的收入产生影响。一些长期项目可能会为劳动者提供相对稳定的收入来源，但短期项目则可能导致收入的波动性。最后，不同项目之间的转换和衔接也可能会导致收入的不稳定。当劳动者从一个项目转向另一个项目时，可能会面临一段时间的收入空白期，从而增加了其整体收入的波动性。

二、数字经济对工作条件的影响

（一）工作环境的虚拟化与远程化

1. 数字技术与工作环境的虚拟化和远程化

随着数字技术的不断普及和深入发展，工作环境正经历着前所未有的变革，最显著的变化之一是工作环境的虚拟化和远程化。这一变化主要得益于互联网、云计算、移动通信等数字技术的飞速进步，它们共同为工作模式的创新提供了强大的技术支撑。虚拟化技术通过模拟实体计算机系统的硬件和功能，为用户提供了一个与真实环境相似但又不受限于物理硬件的工作空间。在虚拟化的工作环境中，员工可以像操作实体计算机一样完成工作，而无须依赖特定的硬件设备。虚拟化技术的运用，使得工作数据和信息能够在任何支持虚拟化的设备上被访问和处理，从而极大地提高了工作的灵活性和便捷性。与此同时，远程化工作也变得越来越普遍。借助高效的网络通信工具，员工可以在家或其他远离传统办公室的地方办公，而企业和组织也能够通过远程协作平台来管理和协调团队的工作。这种工作模式不仅为企业节省了租赁、装修和日常维护实体办公室的成本，还为员工提供了更加自主和灵活的工作时间安排。

2. 虚拟化和远程化工作环境的优势与影响

工作环境的虚拟化和远程化带来了诸多优势，其中最为显著的是降低了企业的运营成本。传统的实体办公室需要承担租金、水电、物业管理等多项费用，而虚拟化和远程化办公则大大减少了这些固定支出。此外，员工在家办公还能节省通勤时间和交通费用，进一步提高工作效率和生活质量。除了降低成本外，虚拟化和远程化工作环境还为员工提供了更加灵活的工作方式。摆脱地域限制后，员工可以随时随地开展工作，不再受固定办公地点的束缚。这种灵活性不仅有助于员工更好地平衡工作和生活，还能使企业在招聘时突破地域限制，吸引更多优秀人才加入。然而，虚拟化和远程化工作环境也带来了一定的挑战，如团队协作的沟通效率、员工的工作效率监督以及信息安全等问题。为了克服这些挑战，企业和组织需要建立完善的远程工作管理制度和沟通机制，确保团队之间的有效协作和信息的及时传递。同时，通过采用先进的项目管理工具和在线协作平台，企业可以更好地跟踪和评估员工的工作进度和绩效表现。

（二）工作强度的增加与工作压力的挑战

1. 数字经济下工作效率的提高与工作强度的增加

在数字经济时代，随着信息技术的迅猛发展和广泛应用，工作效率得到了显著提升。自动化、智能化工具的应用使得许多传统工作流程得到优化，数据处理速度加快，决策周期缩短，从而推动了整体工作效率的提高。然而，这种提升并非没有代价，它往往伴随着工作强度的增加。具体而言，数字经济对企业运营模式和市场竞争格局产生了深远影响。为了保持竞争优势，企业不得不对员工提出更高的工作效率和质量要求。这不仅体现在完成任务的速度上，更体现在员工需要不断学习和掌握新技术、新业务模式的能力上。随着技术的更新换代和市场需求的快速变化，员工必须保持持续学习的状态，以适应不断演变的工作环境。这种持续的学习和适应过程无疑增加了员工的工作负担。他们不仅需要在日常工作中保持高效率，还要抽出时间和精力进行自我提升，这无疑加大了他们的工作强度。此外，由于数字经济时代的市场竞争更为激烈，企业对于员工的工作表现往往也有着更为严格的评价标准，这使得员工在追求高效率的同时，也面临着更大的工作压力。

2. 随时在线的工作模式与工作与生活的平衡挑战

随着移动通信技术的发展和普及，员工可以随时随地处理工作事务，这在一定程度上提高了工作的灵活性和便捷性。然而，这种随时在线的状态也意味着员工很难真正地从工作中抽离出来，导致他们的工作和生活界限变得越来越模糊。在这种工作模式下，员工往往面临着更大的工作压力。他们需要随时准备回应工作相关的信息和请求，即使是在非工作时间。这种持续的工作状态不仅影响了员工的休息和放松，还可能对他们的身心健康产生负面影响。长此以往，员工可能会感到疲惫不堪，工作效率和创造力也会受到损害。因此，如何平衡工作与生活成为数字经济时代员工面临的一大挑战。为了实现这种平衡，员工需要学会设定合理的工作边界，保证自己的休息时间和个人空间。同时，企业也应该承担起责任，通过制定合理的工作制度和提供必要的支持，帮助员工实现工作与生活的和谐共融。例如，企业可以推行弹性工作制度，允许员工在保持高效率的同时，有更多的时间自主安排工作和生活；还可以提供心理健康辅导等资源，帮助员工应对工作压力，保持良好的工作状态。

（三）工作关系的网络化与协作模式的创新

1. 数字经济与工作关系的网络化

在数字经济时代，工作关系的网络化主要得益于数字技术的迅猛发展和普及，特别是互联网、移动通信和社交媒体等技术的广泛应用。这些技术不仅改变了人们传统的沟通方式，更为工作关系的构建和维护提供了全新的平台。网络化的工作关系打破了时空界限，使得员工能够跨越地域限制，与不同地域，甚至是全球范围内的同事进行实时沟通和协作。这种沟通方式不仅高效便捷，而且大大降低了沟通成本。员工可以通过视频会议、在线聊天工具等数字化手段，随时随地与团队成员保持联系，及时分享工作进展、讨论问题并共同解决问题。此外，网络化的工作关系还促进了信息的快速流通和共享。传统的工作模式中，信息的传递往往受到层级结构、地域限制等多种因素的制约。而在数字经济时代，员工可以通过企业内部网络或公共云平台，轻松获取和分享各类工作的信息和资源。这不仅提高了工作效率，还有助于培养员工的全局意识和创新思维。

2. 协作模式的创新与职业发展机会

随着工作关系的网络化，传统的团队协作模式也在发生深刻变革。越来越多的企业开始采用敏捷开发、跨部门协作等新型协作模式，以适应快速变化的市场环境和客户需求。这些创新的协作模式强调团队成员之间的紧密合作和快速响应能力。通过数字技术的支持，团队成员可以更加灵活地组建和解散，根据项目需求进行动态调整。同时，协作过程中的数据和信息也可以得到实时更新和共享，确保团队成员始终保持在同一工作进度上。对于员工而言，协作模式的创新不仅提高了团队合作的效率和质量，还为他们提供了更广阔的社交网络和职业发展机会。通过网络化的工作关系，员工可以结识更多来自不同领域和背景的同事和合作伙伴，拓展自己的人脉资源。这些社交网络不仅有助于员工在当前职位上取得更好的业绩，还可能为他们带来未来的职业发展机会。此外，数字经济还为员工提供了更多元化的职业路径和发展空间。借助数字技术，员工可以更加便捷地获取各类学习资源和培训机会，不断提升自己的专业技能和综合素质。同时，随着数字经济的深入发展，越来越多的新兴行业和职位涌现出来，为员工提供了更多的职业选择和发展方向。

第三节　数字经济下就业稳定性的提升与挑战

一、数字经济对就业稳定性的积极影响

（一）创造多样化的就业机会

数字经济的迅猛崛起，无疑为当代社会注入了全新的活力，其广泛而深远的影响在诸多领域中均得到了显著体现。特别是在就业市场，数字经济的蓬勃发展催生了一系列新兴行业和岗位，这些变革不仅重塑了传统行业格局，更为劳动者提供了前所未有的就业选择与发展机遇。如电子商务、大数据分析、云计算、人工智能等高科技产业的兴起，标志着数字经济时代的到来。这些新兴领域以其独特的魅力和巨大的潜力，吸引了大量人才的涌入。相较于传统行业，数字经济领域的工作更具灵活性和多样性。例如，在电子商务领域，劳动者可以依托互联网平台进行商品和服务的交易，突破了地域和时间的限制；在大数据分析领域，通过对海量数据的挖掘和分析，劳动者能够为企业提供更精准的决策支持；在云计算领域，弹性的工作方式和高效的资源利用使得工作更加便捷；在人工智能领域，智能化的技术应用为劳动者创造了更多创新和挑战的机会。这些新兴行业和岗位的出现，不仅丰富了就业市场的多样性，更在一定程度上提升了整体的就业稳定性。数字经济的高速发展意味着相关岗位的需求将持续增长，为劳动者提供更多的职业晋升机会。同时，数字经济领域的灵活性也使得劳动者能够根据自身的兴趣和能力进行职业选择，从而更好地实现个人价值。

（二）增强劳动力市场的灵活性

在数字经济时代，劳动力市场的灵活性得到了前所未有的提升，这一变革深刻影响了劳动者的就业方式和就业市场的运行机制。远程办公、在线招聘、共享经济等新型就业形态，正逐渐成为劳动力市场的重要组成部分，它

们为劳动者提供了更为广阔和多样化的选择空间。具体来说，远程办公打破了传统工作模式的时空限制，使得劳动者能够在任何地点、任何时间进行工作，这种高度自由化的工作方式极大地提升了劳动力的工作效率和个人工作的满意度。在线招聘则通过互联网技术，实现了招聘信息的快速传播和广泛覆盖，不仅降低了劳动者的求职成本，也使得招聘过程更加透明和高效。而共享经济模式则通过整合闲置劳动力资源，为劳动者提供了更多的临时性或项目性工作机会，从而有效缓解了部分行业的就业压力。这些新型就业形态的出现，极大地增强了劳动力市场的灵活性，而这种灵活性又进一步提高了劳动力市场的匹配效率。在传统模式下，劳动者和雇主之间的匹配往往受到信息不对称、地理距离等多种因素的限制，导致结构性失业和摩擦性失业问题突出。然而，在数字经济时代，通过大数据、云计算等技术的运用，劳动力市场的信息透明度得到了显著提升，劳动者和雇主能够更快速地找到彼此，实现精准匹配。这不仅有助于降低结构性失业和摩擦性失业的发生率，还能够提高整体就业的稳定性，推动劳动力市场的持续健康发展。

（三）促进技能更新与职业培训

数字经济时代的到来，对劳动者的技能需求提出了更为严苛的要求。这一变革不仅体现在技能种类的增多，更在于技能更新速度的加快。为了应对这一挑战，劳动者必须具备持续学习和自我更新的能力，以适应不断变化的就业市场。幸运的是，数字经济在提出挑战的同时，也为劳动者提供了前所未有的学习和培训机会。在线学习平台、虚拟现实技术等新兴教育手段的兴起，为劳动者创造了便捷、高效的学习环境。这些新兴教育手段突破了传统教育的时空限制，使得劳动者能够随时随地获取丰富的学习资源，进行个性化的学习规划。在线学习平台通过整合全球优质教育资源，为劳动者提供了多样化的学习选择。无论是专业技能的提升，还是跨学科知识的拓展，劳动者都能在在线学习平台上找到适合自己的学习路径。而虚拟现实技术则通过模拟真实的工作环境，为劳动者带来了身临其境的实践体验。这种模拟实践不仅能够帮助劳动者更好地理解和掌握所学知识，还能够提升他们的实际操作能力和问题解决能力。这些新兴教育手段的运用，极大地提升了劳动者的学习效率和培训效果，使得他们能够快速掌握新的知识和技能。这不仅有助于提升劳动者的个人竞争力，还能够提高他们在就业市场中的议价能力和适应性。可以说数字经济在推动就业市场变革的同时，也为劳动者提供了更为广阔的学习和培训空间，帮助他们更好地适应这一变革，稳固自身的就业地位。

（四）优化就业结构与提升就业质量

数字经济的发展不仅改变了传统经济模式，更在深层次上推动了产业结构的升级和转型，这一变革对就业市场产生了深远的影响。随着数字技术的广泛应用，高技能和高需求岗位呈现出快速增长的态势，这些岗位往往与大数据分析、云计算、人工智能等前沿技术紧密相连，要求劳动者具备较高的专业素养和创新能力。这种就业结构的变化使得就业市场更加多元化和高端化，为劳动者提供了更多的职业成长机会。与此同时，数字经济还通过提高劳动生产率和降低生产成本，显著提升了企业的盈利能力。在数字技术的助力下，企业能够实现更高效的资源配置和更精准的市场定位，从而在激烈的市场竞争中脱颖而出。企业盈利能力的提升进一步转化为员工薪资待遇的提高，这不仅提高了员工的工作积极性和满意度，也为他们提供了更稳定的经济保障。薪资待遇的提高与就业结构的优化相辅相成，共同促进了就业市场的健康发展。值得注意的是，数字经济的发展还推动了传统产业的数字化转型，使得更多行业开始与科技融合，从而拓宽了就业领域。这种跨界的融合不仅为劳动者提供了更多的职业选择，也为企业带来了更多的创新机遇。

二、数字经济提升就业稳定性的机制分析

（一）技术创新与就业创造的良性循环

数字经济中的技术创新作为当代社会发展的重要驱动力，对就业增长产生了积极而深远的影响。随着大数据、云计算、人工智能等技术的持续进步

与应用领域的不断拓展，新的产业形态和岗位类型如雨后春笋般涌现，为劳动力市场注入了新的活力。这些新兴领域不仅具备较高的增长潜力，而且呈现出对多元化技能的强烈需求，从而为劳动者提供了更为丰富的就业机会和更广阔的发展空间。技术创新的推动作用不仅体现在岗位数量的增加上，更在于其对生产效率和成本的革命性影响。通过引进先进技术，企业能够实现生产流程的自动化和智能化，大幅提高生产效率，同时降低运营成本。这种变革不仅增强了企业的市场竞争力，还为其创造了更多的利润空间，进而为企业扩大规模、增设岗位提供了有力支撑。值得注意的是，技术创新与就业创造之间形成了一种良性循环。一方面，技术创新催生了新的产业和岗位，为劳动者提供了更多就业机会；另一方面，就业市场的繁荣和劳动者技能的提升，又为技术创新提供了更为丰富的人才资源和创新环境。这种相互促进的关系不仅有助于推动经济的持续增长，更为就业稳定性的提升奠定了坚实基础。

（二）劳动力市场适应性的增强

在数字经济时代，劳动力市场的适应性得到了前所未有的增强，这一变化对于应对经济波动和行业变革具有重要意义。随着数字技术的普及和深入应用，劳动者和企业都展现出了更强的灵活性和应变能力，使得整个劳动力市场在面对外部冲击时能够更迅速地作出调整。对于劳动者而言，数字经济提供了丰富的信息资源和便捷的沟通渠道，使他们能够更快速地获取就业市场的最新动态，并据此调整自己的就业策略。无论是跨行业转型还是技能升级，劳动者都能够通过在线学习、远程培训等方式迅速提升自身能力，以适应新的工作需求。同时，数字平台也为劳动者提供了更多的工作机会，从传统的全职工到灵活的兼职、远程工作等多元化就业形式，都成为了可能。从企业角度来看，数字经济同样赋予了它们更大的灵活性。企业能够利用大数据、云计算等技术实时分析市场需求和人才供给情况，从而更精准地制定用工策略。在经济波动或行业变革时，企业可以迅速调整人才结构，优化人力资源配置，以降低成本、提高效率。此外，数字技术还使得企业能够更广泛地吸纳全球优秀人才，构建更加多元化和高效的团队。劳动力市场的适应性增强，不仅有助于降低因经济波动和行业变革导致的失业风险，还能够提升整体就业的稳定性。劳动者和企业之间的动态平衡与互动，共同推动了劳动力市场的健康发展，为经济社会的持续繁荣提供了有力支撑。

（三）制度支持与制度保障的完善

在推动数字经济发展的过程中，行政部门发挥着不可或缺的引导与支持作用。通过精心制定优惠制度和构建坚实的制度保障体系，行政部门能够有效地促进数字技术的广泛应用和产业的深度融合，进而为社会创造更丰富的就业机会。行政部门的重要性，在数字经济日益成为经济增长新引擎的当下，显得尤为突出。行政部门通过实施一系列扶持措施，如财政补贴、税收优惠等，鼓励企业加大对数字经济相关产业的投资力度。这些措施不仅降低了企业的运营成本，还提高了市场竞争力，从而激励企业扩大生产规模，吸纳更多的劳动力。此外，行政部门还致力于完善职业培训和教育体系，以适应数字经济对劳动力技能需求的变化。通过优化课程设置、更新教学方法，以及加强与产业界的合作，行政部门确保劳动者能够获得与数字经济相匹配的技能和知识，提升他们的就业竞争力。除了上述措施，行政部门还在优化就业服务方面作出了积极努力。通过搭建高效的就业信息平台，行政部门为劳动者提供了更为便捷和精准的求职渠道。同时，行政部门还加强了对就业市场的监测和分析，以便及时发现和解决潜在的就业问题。这些举措不仅提升了劳动力市场的透明度，还有助于实现更高效的供需匹配，从而进一步稳固就业市场。

三、数字经济下就业稳定性面临的挑战

（一）技能需求变化与劳动力市场不匹配

数字经济时代的到来，对劳动者的技能需求产生了深刻的影响，显著改变了传统行业格局和就业市场。随着数字化、网络化和智能化的快速发展，

高技能和高需求岗位如雨后春笋般涌现，这些岗位往往要求劳动者具备数据分析、编程、网络安全等专业技能。然而，当前劳动力市场的技能供给结构却未能完全契合这一新兴趋势，凸显出技能供需之间的不平衡。这种不平衡具体表现为，部分劳动者的现有技能已逐渐过时，无法满足数字经济时代对高技能劳动力的迫切需求。同时，新兴领域对专业技能的特定要求，也使得许多劳动者感到力不从心，他们的技能储备与市场需求之间存在明显的落差。这一问题在制造业、服务业等多个领域均有所体现。随着自动化和智能化技术的广泛应用，一些传统岗位逐渐被机器取代，而新的高技能岗位则不断涌现。这种技能不匹配的现象，不仅限制了劳动者的职业发展，更可能引发结构性失业风险。由于技能供需之间的错位，部分劳动者可能面临长期失业的困境，这无疑对就业稳定性构成了严重威胁。同时，这种不匹配也增加了劳动力市场的不确定性，使得企业和劳动者都难以对未来做出准确的预期和规划。

（二）就业极化现象加剧

在数字经济迅猛发展的浪潮下，就业市场正经历着前所未有的变革。一个显著的特征便是就业市场的极化趋势，即高技能、高需求岗位与低技能岗位之间的分化日益明显。这一现象表现在，随着数字技术的广泛应用，那些要求高度专业技能和知识的岗位，如数据分析师、软件工程师等，其需求量和薪资水平均呈现出稳步上升的趋势。然而，与此同时，大量低技能、重复性劳动岗位依然占据市场一席之地。这些岗位往往对技能要求不高，容易被自动化和智能化技术替代，因此其薪资水平和职业发展前景相对有限。高低技能岗位的并存和分化，实际上增加了劳动力市场的不平等现象。具体来说，高技能岗位数量的增加往往集中在某些特定行业和地区，而这些行业和地区的薪资水平和职业发展机会通常优于其他行业和地区。相反，低技能岗位则更多地分散在传统行业和经济欠发达地区，其薪资和职业前景相对黯淡。这种极化不仅体现在岗位类型和薪资水平上，更深入体现在劳动者的社会地位和长期发展潜力中。极化现象带来的直接后果是，部分劳动者可能因技能水平有限而长期被限制在低技能、低收入岗位，难以突破职业瓶颈。这不仅影响了个人的经济状况和生活质量，更可能使劳动者陷入一种恶性循环：由于缺乏足够的资源和机会进行自我提升，他们可能长期无法摆脱低收入的困境。

（三）新型劳动关系的法律与制度挑战

数字经济的高速发展引领了就业形态的深刻变革，使灵活就业与新型劳动关系成为劳动力市场的重要组成部分。然而，这种变革亦给传统劳动法律制度带来了严峻挑战。灵活就业者，如远程办公人员、自由职业者等，其工作模式突破了传统的时空限制，使得劳动关系的界定变得模糊而复杂。同时，新型劳动关系，如平台经济与从业者之间的合作关系，也超越了传统雇佣关系的范畴。在这种背景下，如何保障灵活就业者的合法权益成为一大难题。由于法律和制度的滞后，灵活就业者往往面临着工资保障不足、社会保险缺失、劳动保护欠缺等诸多困境。他们的劳动成果和付出难以得到应有的认可和回报，合法权益时常受到侵害。此外，新型劳动关系的规范问题也亟待解决。平台经济与从业者之间的合作关系，虽然为双方提供了更大的灵活性，但也带来了责任界定不清、权益分配不均等问题。这种关系的模糊性使得劳动争议和纠纷频发，严重影响了就业市场的稳定性和劳动者的权益保护。更为严峻的是，传统劳动法律制度在面对这些新型劳动关系时略显不足。现有的法律法规难以涵盖数字经济下的灵活就业和新型劳动关系，导致了法律空白和监管盲区的出现。法律和制度的滞后性，不仅增加了劳动争议和纠纷的发生，也阻碍了劳动力市场的健康发展。

第五章 数字经济与灵活就业模式

第一节 灵活就业模式的兴起与发展

一、灵活就业模式的定义与类型

灵活就业是指在劳动时间、劳动报酬、工作场所、保险福利、劳动关系等方面不同于传统主流就业方式的各种就业形式的总称。这种就业方式具有较大的灵活性和自主性，适应了现代经济社会的多元化需求。灵活就业模式的类型主要包括以下几种。

（一）非全日制就业：灵活性与效率性的双重体现

非全日制就业作为灵活就业模式的重要组成部分，其显著特征在于工作时间少于传统的全日制工作模式。这一模式不仅为雇主提供了根据业务需求灵活调整人力资源配置的可能，也为求职者创造了兼顾家庭、学习或其他个人事务与职业发展的机会。非全日制就业形式多样，包括但不限于兼职、小时工等，它们共同构成了劳动力市场的一个灵活且不可或缺的组成部分。从经济学角度分析，非全日制就业有助于提升劳动力市场的整体效率，通过减少闲置劳动力和提高人力资源的利用率，促进了经济的稳定增长。同时，对于个体而言，非全日制工作提供了更多的就业选择、有了更大的灵活性，有助于实现工作与生活的平衡，尤其是在女性就业、学生兼职、老年人再就业等领域展现出显著优势。然而，非全日制就业也面临着薪酬相对较低、职业发展路径受限、社会保障不足等问题，这需要制度制定者、企业和社会各界共同努力，通过完善法律法规、提高福利待遇、建立灵活的社会保障体系等措施，促进其健康发展。

（二）季节性就业：适应经济周期波动的灵活策略

季节性就业是基于特定季节或时期的需求波动而产生的一种灵活就业形式。在农业、旅游业、零售业等行业尤为常见，如农业收割、旅游旺季的服务业工作等。这类就业模式的特点是周期性、短暂性和高需求性，能够有效缓解季节性劳动力短缺问题，同时也为求职者提供了应季的收入来源。季节性就业的经济效应在于它能够促进地区经济的季节性繁荣，增强行业对市场需求变化的适应能力。对于劳动者而言，季节性就业提供了灵活的工作机会，尤其是在经济不景气时期，季节性就业可以作为补充收入或过渡性就业的重要途径。然而，季节性就业的不稳定性、低保障性和季节性失业等问题也不容忽视。行政部门和企业应通过建立季节性就业信息服务系统、提供职业培训、完善社会保障机制等方式，保障季节性劳动者的权益，促进其可持续发展。

（三）临时性就业：应对短期需求的灵活解决方案

临时性就业是指因特定项目、活动或临时性需求而雇佣劳动力的短期工作形式，如临时促销员、短期项目助理等。这种就业模式以其高度的灵活性和快速响应市场变化的能力，成为企业应对短期人力需求、降低成本风险的有效策略。临时性就业的优势在于其能够快速填补劳动力缺口，满足企业短期项目的需求，同时也为求职者提供了快速进入职场、积累经验的机会。然而，临时性就业的短期性、不稳定性和缺乏职业发展路径等问题，也给劳动者带来了挑战。为了保障临时性劳动者的权益，行政部门应加强对临时性就业市场的监管，制定相关法律法规，确保劳动者的合法权益不受侵犯；企业则应注重提升临时性员工的工作满意度和忠诚度，通过提供培训、职业发展机会等方式，增强其归属感和稳定性。

（四）自由职业：个性化与自主性的职业选择

自由职业是指依靠个人技能或专长，自主选择工作时间、地点和方式的就业模式，如自由撰稿人、独立设计师等。自由职业者通常具有较高的专业素养和自主管理能力，能够根据个人兴趣和市场需求灵活调整工作方向和内容。自由职业的出现和发展，是市场经济条件下个体追求自我价值实现和职业自由的结果。它打破了传统就业模式的束缚，为个体提供了更多的职业选择和发展空间。自由职业者通过自主管理时间和工作方式，能够更好地实现工作与生活的平衡，提高工作效率和创造力。然而，自由职业者也面临着市场竞争激烈、收入不稳定、社会保障缺失等问题。为了促进自由职业的健康发展，行政部门应制定相关制度，为自由职业者提供税收优惠、社会保障等政策支持；同时，加强行业自律性和组织建设能力，提高自由职业者的专业素养和竞争力。

（五）远程就业：跨越地域限制的灵活工作模式

远程就业是指通过互联网等远程通信工具完成工作任务、不受地域限制的就业模式，如远程客服、在线教育讲师等。随着信息技术的飞速发展和全球化进程的加速推进，远程就业逐渐成为一种新兴的灵活就业形式。远程就业的优势在于它能够打破地域限制，实现劳动力的全球优化配置；同时，也为求职者提供了更加灵活的工作方式和更广阔的职业发展空间。远程就业不仅有助于降低企业的运营成本和提高工作效率，还能够促进地区间的经济交流和合作。然而，远程就业也面临着沟通不畅、团队协作困难、工作与生活界限模糊等问题。为了克服这些问题，企业和员工应共同努力，建立有效的沟通机制、团队协作方式和制定时间管理策略；同时，行政部门应加强对远程就业的监管和支持，制定相关制度法规，保障远程劳动者的权益和福利。

二、灵活就业模式的兴起背景

(一) 经济全球化：市场竞争加剧与灵活用工策略的兴起

经济全球化作为 21 世纪不可逆转的时代趋势，不仅促进了国际贸易与投资的自由化，还极大地加剧了全球市场的竞争态势。在这一背景下，企业面临着前所未有的压力，既要应对来自国内外的激烈竞争，又要不断适应快速变化的市场需求。为了降低成本、提高效率、增强竞争力，企业开始探索并实施更加灵活的用工方式。经济全球化带来的市场竞争加剧，迫使企业不断寻求优化资源配置、提高生产效率的途径。传统的全职、固定劳动关系因刚性较大、成本较高，难以适应快速变化的市场环境。相比之下，灵活就业模式因其灵活性、高效性和较高的成本效益，成为企业应对市场竞争的有力武器。通过灵活就业模式，企业可以根据业务需求灵活调整人力资源配置，避免人力资源的闲置和浪费，从而降低成本、提高效率。此外，经济全球化还促进了跨国公司的兴起和全球供应链的构建。跨国公司为了在全球范围内优化资源配置，往往需要在不同国家和地区设立分支机构，这就需要采用灵活的用工方式来适应不同地区的法律法规、文化差异和市场需求。全球供应链的构建也需要灵活的用工方式来应对可能出现的供应链中断、需求波动等风险。因此，经济全球化推动了灵活就业模式在全球范围内的普及和发展。

(二) 技术进步：互联网、大数据与云计算对灵活就业的推动作用

互联网、大数据、云计算等技术的迅猛发展，为灵活就业模式的兴起提供了强大的技术支持。这些技术不仅改变了人们的生活方式和工作方式，还深刻影响了劳动力市场的供求关系和匹配机制。互联网技术的普及使得信息传播更加迅速、便捷，为劳动力供求双方提供了更多的信息来源渠道和交流平台。求职者可以通过互联网了解更多的招聘信息和就业机会，企业也可以通过互联网发布招聘信息、筛选简历、进行在线面试等。这不仅降低了招聘成本，还提高了招聘效率和匹配精度。大数据技术的应用使得劳动力市场的

供求信息更加透明、准确。通过对大量数据的分析和挖掘，企业可以更加精准地了解市场需求和人才供给情况，从而制订出更加科学的招聘计划和用工策略。同时，大数据还可以帮助企业评估求职者的能力和潜力，提高招聘的准确度和成功率。云计算技术的发展为灵活就业提供了更加便捷、高效的工作方式。云计算平台可以为企业提供强大的计算和存储能力，支持远程办公、在线协作、项目管理等功能。这使得企业可以更加灵活地组织生产、安排工作，不受地域和时间的限制。同时，云计算还可以降低企业的 IT 成本和运维成本，提高企业的运营效率和竞争力。

（三）劳动者价值观的变化：自主性、灵活性与灵活就业模式的契合

随着社会的不断发展和进步，新一代劳动者的价值观也发生了深刻的变化。他们更加注重工作的自主性和灵活性，不愿意被传统的固定岗位所束缚。这一变化与灵活就业模式的核心理念不谋而合，为灵活就业模式的兴起提供了重要的社会基础。新一代劳动者成长于信息爆炸、科技飞速发展的时代，他们更加注重个性化和多样化的生活方式。传统的全职、固定劳动关系往往要求员工遵守严格的规章制度和工作时间安排，这限制了员工的自主性和创造性。而灵活就业模式则提供了更加宽松、自由的工作环境和工作方式，使员工能够根据自己的兴趣和能力选择适合自己的工作方式和时间安排。此外，新一代劳动者也更加注重工作与生活的平衡。他们不愿意为了工作牺牲个人的时间和健康，而是希望能够在工作之余享受更多的生活乐趣、陪伴家人。灵活就业模式提供了更加灵活的工作时间和工作地点选择，使员工能够更好地平衡工作和生活的关系，提高生活质量和工作满意度。

（四）制度支持的引导：行政部门促进就业与稳定经济的双重考量

各国行政部门为了促进就业、稳定经济，纷纷出台制度支持灵活就业模式的发展，这些制度不仅为灵活就业提供了法律保障和制度支持，还推动了灵活就业市场的繁荣和发展。行政部门通过制定相关法律法规和制度文件，

明确了灵活就业的法律地位和权益保障。例如，一些国家出台了关于非全日制工作、远程工作、自由职业等灵活就业形式的法律法规，规定了劳动者的权益保护、工资待遇、社会保障等方面的内容。这些法律法规为灵活就业提供了法律保障和制度基础，促进了灵活就业的合法化和规范化发展。行政部门还通过提供财政补贴、税收优惠等制度措施，鼓励企业采用灵活就业方式。例如，一些国家为企业提供灵活用工的补贴和税收优惠，以降低企业的用工成本和风险。这些制度措施激发了企业的创新活力和市场竞争力，推动了灵活就业市场的繁荣和发展。此外，行政部门还加强了对灵活就业市场的监管和服务。通过建立健全的监管机制和服务体系，行政部门可以及时了解灵活就业市场的发展趋势和问题及挑战，为灵活就业者提供就业指导、职业培训、社会保障等服务。这些服务有助于提高灵活就业者的就业能力和生活质量，促进灵活就业市场的健康发展。

三、灵活就业模式的发展现状

（一）规模不断扩大的灵活用工市场：经济新常态下的必然选择

近年来，中国灵活用工市场的规模呈现出显著的扩大趋势，这一现象的背后，是多重因素的综合作用。经济全球化带来的市场竞争加剧，促使企业寻求更为高效、成本可控的人力资源配置方式；技术进步，尤其是互联网、大数据、云计算等技术的广泛应用，为灵活用工提供了强大的技术支持和平台基础；而新冠疫情的暴发，更是加速了灵活用工市场的扩张，使得远程工作、在线协作成为常态。在此背景下，共享经济、自由职业、网络主播等新兴产业和新职业如雨后春笋般涌现，为劳动力市场注入了新的活力，也为广大劳动者提供了更多元化的就业机会。从经济学的角度来看，灵活用工市场的扩大是市场经济发展的必然结果，它反映了市场对劳动力资源配置效率的追求。灵活用工不仅有助于企业快速响应市场变化、降低运营成本，还提高了劳动力市场的流动性、灵活性和整体经济的韧性。同时，新兴产业和新职业的出现，也推动了产业结构的优化升级，为经济的高质量发展提供了新动力。

（二）平台经济的崛起：灵活就业的重要载体与推动力量

平台经济作为灵活就业发展过程中涌现出的重要经济载体，其影响力日益凸显，平台通过聚合供需双方，实现了资源的优化配置和高效利用，为灵活就业提供了广阔的空间。根据国家信息中心发布的《中国共享经济发展报告（2021）》中的数据，共享经济参与者规模庞大，其中服务提供者数量众多，这充分说明了平台经济在吸纳灵活就业人员方面的巨大潜力。平台经济的崛起，不仅为灵活就业者提供了更多的就业机会和收入来源渠道，还促进了劳动关系的多元化和灵活化。在平台上，劳动者可以根据自己的意愿和能力选择工作时间和地点，实现了工作与生活的更好平衡。同时，平台经济的发展也推动了相关产业的创新和升级，为经济增长注入了新的活力。然而，平台经济的发展也带来了一系列挑战和问题，如劳动关系认定、劳动者权益保护、平台监管等。这些问题需要行政部门、平台、劳动者和社会各界共同努力，通过完善法律法规、加强监管、提高劳动者权益保护意识等措施，促进平台经济的健康发展。

（三）关系主体的多元化：灵活就业网络化关系的构建与挑战

随着平台经济、共享经济等新经济模式的兴起，灵活就业市场中的关系主体呈现出多元化的特点。平台、平台合作伙伴、商家、中介机构、劳动者、消费者之间形成了相互联系、紧密协作的网络化关系。这种关系既促进了信息的流通和资源的共享，也带来了权责义务的分散和模糊。在灵活就业的网络化关系中，各主体之间的权责义务关系更加复杂和难以界定。例如，平台作为中介方，既要保障劳动者的权益，又要维护商家的利益；劳动者和商家之间则存在着服务提供与费用支付的直接关系。这种复杂的关系网络给灵活就业市场的监管和治理带来了挑战。为了应对这些挑战，需要建立健全法律法规体系，明确各主体的权责义务；加强平台的监管和法律意识，保障劳动者的合法权益；提高劳动者的法律意识和维权能力；同时，还需要加强社会各界的协作和配合，共同推动灵活就业市场的健康发展。

（四）从业者"全职化"趋势的显现：灵活就业模式的深刻变革

当前，灵活就业市场的一个显著特征是从业者的"全职化"趋势。越来越多的劳动者不再将灵活用工仅作为兼职或临时性的工作，而是将其当作全职工作来对待。这一趋势的出现，反映了灵活用工市场的成熟和劳动者对灵活就业模式的认可。从业者"全职化"趋势的显现，对灵活就业市场产生了深远的影响。首先，它提高了灵活就业者的职业认同感和归属感，有助于稳定灵活就业队伍；其次，它促进了灵活就业市场的专业化和职业化发展，提高了服务质量和效率；最后，它还为劳动者提供了更多的职业发展机会和更大的空间，有助于实现个人价值和社会价值的双重提升。然而，从业者"全职化"趋势也带来了一些问题和挑战。例如，如何保障全职灵活就业者的社会保障和福利待遇；如何建立完善的职业晋升机制和培训体系；如何加强劳动关系的认定和监管；等等。这些问题需要行政部门、企业和社会各界共同努力，通过完善制度法规、加强监管和服务、提高劳动者素质等措施，推动灵活就业市场的持续健康发展。

第二节　数字经济对灵活就业的支持作用

一、重塑灵活就业的生态环境

（一）数字经济打破时空限制，构建全球灵活就业市场

数字技术的广泛应用，特别是互联网技术的飞速发展，已经彻底打破了时间和空间的限制，为全球范围内的灵活就业创造了前所未有的便利条件。首先，数字经济通过互联网技术，实现了信息的即时传播和共享。这意味着，无论是雇主还是劳动者，都可以在任何时间、任何地点获取到最新的就业信息。信息的无障碍流通，极大地拓大了灵活就业的选择范围，使得劳动者不再受限于特定的地域或行业，而是可以根据自身的技能和兴趣，在全球范围

内寻找最适合自己的工作机会。其次，数字经济还推动了全球就业市场的整合。通过互联网平台，不同国家和地区的就业资源得以有效联结，形成了一个庞大而统一的全球灵活就业市场。在这个市场中，劳动者可以更加便捷地接触到各种就业机会，而企业也可以更加高效地寻找到合适的人才。市场的整合，不仅提高了就业市场的效率，也为灵活就业的发展提供了更加广阔的空间。

（二）数字经济重塑灵活就业生态系统，提升劳动者自主性

随着数字经济的崛起，一个全新的、以互联网为基础的灵活就业生态系统正在形成，这个生态系统不仅规模庞大，而且高效便捷，为劳动者提供了前所未有的自主选择权。在这个生态系统中，劳动者可以根据自己的技能、兴趣和目标，自由地选择适合自己的工作方式。无论是远程办公、自由职业还是项目制工作，都可以在这个生态系统中找到适合自己的位置。这种灵活的工作方式，不仅满足了劳动者对于工作自主性的需求，也提高了他们的工作满意度和幸福感。同时，这个生态系统还为劳动者提供了更加灵活的工作时间和地点。通过互联网技术，劳动者可以在任何时间、任何地点进行工作，不再受限于传统的办公时间和地点。这种灵活性，不仅提高了劳动者的工作效率，也使他们能够更好地平衡工作和生活。

（三）数字经济推动灵活就业实现个性化与多元化发展

在传统的就业模式中，劳动者往往需要适应固定的工作岗位和职责，而数字经济则赋予了劳动者更多的自主权和选择权。通过互联网平台，劳动者可以根据自己的技能和兴趣，定制个性化的职业发展路径。他们可以选择从事自己擅长的领域，发挥个人特长，实现职业价值的最大化。此外，数字经济还推动了灵活就业的多元化发展。在互联网技术的支持下，越来越多的行业和领域开始与科技融合，为灵活就业提供了更多的机会和选择。无论是创意设计、软件开发还是在线教育，都可以成为灵活就业的领域。这种多元化的就业形态，不仅满足了不同劳动者的需求，也促进了整个社会的创新和发

展。同时，数字经济还通过大数据和人工智能技术，对灵活就业市场进行精准匹配和推荐，进一步提高了灵活就业的效率和劳动者的满意度。这种个性化的就业服务，使得每一个劳动者都能在数字经济时代找到属于自己的职业发展道路。

二、赋能灵活就业者的职业发展

（一）数字经济拓展灵活就业者的学习资源与培训机会

对于灵活就业者而言，互联网平台不仅是一个工作场所，更是一个充满学习资源和培训机会的宝库。通过在线课程、远程教育、虚拟实验室等多样化的学习形式，灵活就业者可以随时随地接触到国内外顶尖的教育资源，从而不断充实自己的知识库，提升专业技能。学习方式的灵活性和高效性，使得灵活就业者能够在职业发展的道路上走得更远、更稳。同时，数字经济还推动了职业培训的数字化转型。越来越多的培训机构和企业开始利用互联网平台，为灵活就业者提供定制化的培训服务。这些培训服务不仅涵盖了传统的职业技能，还包括数字经济时代所需的新技能，如大数据分析、人工智能应用等。通过参加这些培训，灵活就业者可以更好地适应数字经济时代的发展需求，提升自身在职场中的竞争力。

（二）数字经济催生新兴职业与岗位，拓宽灵活就业者的发展路径

数字经济的蓬勃发展，不仅改变了传统经济格局，还催生了大量的新兴职业和岗位。例如，随着电子商务的兴起，网店运营、网络营销等职业逐渐成为热门选择；在大数据和人工智能领域，数据分析师、AI 工程师等岗位也备受追捧。此外，数字经济还推动了传统职业的转型升级。在数字技术的赋能下，许多传统职业开始与科技融合，衍生出新的岗位和职责。例如，传统的设计师可以借助数字技术实现创意设计的可视化与可交互化；教育工作者可以利用互联网平台开展在线教育与远程培训。这些职业的转型升级，为灵活就业者提供了更多的职业发展路径和晋升机会。

（三）数字经济赋能灵活就业者使其实现全面职业发展

在数字经济时代，灵活就业不再仅仅是一种谋生手段，而是一种充满可能性的职业发展方式。数字经济的赋能作用，使得灵活就业者可以更加全面地规划自己的职业生涯，实现个人价值的最大化。通过互联网平台，灵活就业者可以更加自主地选择工作内容、工作方式和工作时间，从而实现工作与生活的平衡。职业自主权使得灵活就业者能够更加积极地投入到工作中，充分发挥个人才能和创造力。数字经济还为灵活就业者提供了更多的跨界合作机会，不同领域和行业之间的壁垒逐渐被打破，灵活就业者可以更加便捷地与其他专业人士进行跨界合作与交流。这种跨界合作，不仅有助于拓宽灵活就业者的视野和思路，还可能激发出新的创意和商业模式。数字经济还为灵活就业者的职业成长提供了持续的动力。在数字经济时代知识和技能的更新速度非常快，灵活就业者需要不断学习和进步才能保持竞争力。持续学习的需求，促使灵活就业者不断追求自我突破和成长，从而实现职业生涯的持续发展。

三、强化灵活就业的社会保障功能

（一）数字经济推动行政部门与企业对灵活就业者社会保障的重视

在传统的就业模式下，因工作性质的不稳定，灵活就业者常常遭遇收入波动及社会保障缺失的困境。随着数字经济的蓬勃发展，这一群体所面临的社会保障问题逐渐受到社会各界的广泛关注。在此背景下，行政部门和企业开始重新审视并调整对灵活就业者的社会保障制度。行政部门层面，通过出台一系列针对性的制度措施，旨在保障灵活就业者的合法权益。这些制度不仅涉及收入保障、福利待遇，还包括对灵活就业市场的规范与监管。例如，设立灵活就业者专项保险制度，以应对因工作不稳定带来的收入风险；同时，加大对灵活就业市场的监管力度，确保其健康、有序发展。企业方面，在数字经济的推动下，越来越多的企业开始认识到灵活就业者的重要性，并积极参与到对其社会保障体系的构建中。企业通过与行政部门、保险机构等多方合作，为灵活就业者提供更加全面、灵活的社会保障服务。这不仅有助于提升企业的社会形象，还能进一步激发灵活就业者的工作积极性和创造力。

（二）数字经济平台提供技术支持，完善灵活就业者的社会保障服务

在数字经济的驱动下，各类互联网平台纷纷涌现，为灵活就业者提供了前所未有的工作机会。与此同时，这些平台也充分利用技术手段，为灵活就业者打造更为完善的社会保障服务。具体而言，数字经济平台通过大数据、云计算等先进技术，对灵活就业者的工作状态、收入情况等关键信息进行实时跟踪与分析。这不仅有助于平台更精准地为灵活就业者匹配工作机会，还能为其提供更加个性化的社会保障方案。例如，根据灵活就业者的工作时长、收入状况等，动态调整其保险费用和福利待遇，从而确保每一位灵活就业者都能享受到与其付出相匹配的社会保障。此外，数字经济平台还通过技术手段简化了社会保障服务的申请和领取流程。灵活就业者只需在平台上进行简单的操作，即可完成相关服务的申请和领取，大大提高了社会保障服务的便捷性和可及性。

（三）强化社会保障功能对灵活就业者及社会的深远影响

随着数字经济对灵活就业者社会保障的强化，这一群体的生活质量和幸福感得到了显著提升。稳定的社会保障不仅为灵活就业者提供了坚实的生活基础，还激发了他们的工作热情和创新能力。同时，这种强化社会保障的做法也有助于维护社会的稳定和发展。对灵活就业者而言，完善的社会保障体系意味着更高的生活质量和更充分的工作保障。这不仅能够减轻他们的生活压力，还能提升他们的社会地位和自我认同感。对于社会而言，强化社会保障功能有助于缩小贫富差距、促进社会公平与和谐。当灵活就业者的基本生活得到保障时，他们将更加积极地参与到社会建设和经济发展中来，从而推动整个社会的持续繁荣与进步。

四、激发灵活就业的创新活力

(一) 数字经济时代与灵活就业者的创新契合

数字经济时代以其独特的信息化、网络化和智能化特征，为经济社会发展带来了前所未有的机遇，这一时代背景下，灵活就业者作为重要的创新力量，正以其独特的优势和强大的活力，推动着经济社会的持续创新与发展。他们不受传统就业模式的限制，敢于挑战现状，勇于尝试新事物和新方法。这种敢于创新的精神，与数字经济时代的开放性和包容性高度契合，共同形成了推动社会进步的重要动力。

(二) 灵活就业者在数字经济中的创新表现与贡献

灵活就业者不满足于传统的工作模式和方法，积极寻求突破，勇于提出并实施新的想法和解决方案。他们的创新思维不仅体现在对产品和服务的改进上，还贯穿于工作流程、管理模式等多个方面。通过不断尝试和优化，灵活就业者为经济社会的发展注入了源源不断的创新活力。借助互联网、大数据、云计算等技术手段，灵活就业者能够更加高效地获取信息、分析市场、开发新产品和服务。同时，数字经济平台还为灵活就业者提供了展示自我、实现自我价值的舞台，支持他们将自己的创意和想法转化为具有市场竞争力的实际成果。对创新平台的利用与开发，极大地提升了灵活就业者的创新效率和成功率。通过互联网等渠道的传播与推广，这些创新成果能够迅速触达更多的潜在用户和更大的市场，实现价值的最大化。同时，数字经济还为灵活就业者提供了与各类企业、机构合作的机会，推动其创新成果的商业化进程。创新成果的转化与推广机制，不仅增加了灵活就业者的经济收益和社会影响力，还为整个经济社会的创新发展提供了有力支撑。

(三) 数字经济时代灵活就业者创新活力的深远影响

灵活就业者通过引入新技术、新业态和新模式，打破了传统产业的边界和限制，促进了产业之间的融合与协同发展。这种创新引领的产业结构变革，不仅提高了经济的整体效能和竞争力，还为经济社会的可持续发展奠定了坚实基础。数字经济时代灵活就业者的创新活力，还体现在推动就业形态的多样化和高质量发展上。灵活就业者的创新实践不仅为自身创造了更多的就业机会和更大的发展空间，还为社会提供了更加灵活多样的就业选择。同时，通过不断提升自身的专业技能和综合素质，灵活就业者还为整个就业市场的高质量发展树立了典范。灵活就业者在数字经济时代展现出的创新活动，还对社会创新氛围的营造和活力的增强产生了积极影响。他们的创新精神和成功实践激励着更多的人投身于创新事业中，共同推动社会的进步与发展。同时，数字经济时代的开放性和包容性也为这种创新氛围的形成提供了有力保障，使得整个社会呈现出更加蓬勃向上的创新活力。

第三节　灵活就业模式下的劳动关系变化

一、劳动关系的灵活性增强

（一）灵活就业模式与劳动关系的灵活性体现

在灵活就业模式的推动下，劳动关系的灵活性成为显著的特征，这一特征深刻改变了传统劳动关系的长期性和稳定性。灵活就业模式下，劳动关系不再局限于固定期限的劳动合同，而是展现出更为动态和多样的形态。这种灵活性在工作时间的安排、工作地点的选择以及工作任务的分配等多个维度上均得到了充分体现。具体而言，企业能够根据实时变化的市场需求和业务，灵活地调整员工的工作时间和任务分配。这种调整不再是周期性的或基于预设计划的，而是能够迅速响应外部环境的变化，从而确保企业运营的连续性和高效性。同样，员工也获得了更大的自主权，可以根据自身的情况和偏好，选择更加适合自己的工作时间和地点。这种双向的灵活性不仅提升了劳动力市场的效率，也使得就业关系更加符合现代社会的多元化需求。

(二) 灵活劳动关系对企业运营的积极影响

灵活就业模式所带来的劳动关系灵活性，对企业运营产生了深远的影响，在快速变化的市场环境中，企业需要具备高度的适应性和反应能力。灵活劳动关系使得企业能够迅速地调整人力资源配置，以应对市场需求的波动，从而保持竞争优势。在传统的长期劳动合同模式下，企业往往需要承担较高的固定成本，包括员工薪酬、福利等。而在灵活就业模式下，企业可以根据实际需求调整员工规模和工作量，从而更加有效地控制成本。当企业不再受限于固定的劳动合同时，它们就可以更容易地吸引和留住具有特定技能和经验的员工，这些员工往往能够为企业带来新的想法和解决方案，从而推动企业的创新和发展。

(三) 灵活劳动关系对员工自主权的提升及挑战

对于员工而言，灵活就业模式下的劳动关系灵活性为其提供了前所未有的自主权和选择权。员工可以根据自己的兴趣、能力和生活需求，选择更加适合自己的工作机会和职业发展路径。这种自主权不仅有助于提升员工的工作满意度和幸福感，还能够激发其更大的工作热情和创造力。然而，灵活劳动关系也给员工带来了一些挑战。员工需要具备更强的自我管理和自我驱动能力，以适应不断变化的工作环境和任务要求。此外，由于灵活就业模式下的工作往往缺乏长期稳定的保障，员工可能面临更大的职业风险和不确定性。

二、劳动关系的去中心化趋势

(一) 去中心化劳动关系的形成与特点

在灵活就业模式的推动下，劳动关系的去中心化趋势逐渐凸显，这一趋势主要源于平台经济的蓬勃发展，使得劳动力市场的运作不再以传统企业为核心。去中心化劳动关系的形成，意味着员工与企业之间的连接变得更为多元和动态。员工不再仅仅依赖于与单一企业签订的劳动合同，而是可以通过多个平台或中介机构，与众多企业建立临时的、项目制的劳动关系。这种去中心化的特点主要体现在两个方面：一是劳动关系的多元性，员工可以同时为多个企业提供服务，工作选择更加多样化；二是劳动关系的动态性，员工与企业之间的关系更加灵活，可以根据市场需求和个人意愿快速调整。这种去中心化的劳动关系，不仅为员工提供了更多的工作机会和收入来源，也为企业带来了更多的用工选择和更高效的资源配置。

（二）去中心化劳动关系带来的机遇与挑战

首先，去中心化劳动关系的出现，提高了劳动力市场的效率，使得员工和企业能够更快速地找到合适的工作和用工对象，减少了匹配成本和时间成本。其次，它促进了劳动力的流动和优化配置，员工可以根据自身技能和兴趣选择更适合自己的工作岗位，企业也可以根据项目需求灵活调整用工结构。最后，去中心化劳动关系有助于激发员工的创新精神和创业热情，为经济发展注入新的活力。然而，去中心化劳动关系也带来了一系列挑战，劳动权益的保障问题日益突出。由于员工与多个企业都建立了临时劳动关系，传统的劳动保障制度可能难以覆盖到所有员工，导致一些员工面临工资被拖欠、工伤无人负责等风险。去中心化使得员工与企业之间的关系更加脆弱，双方可能缺乏长期的合作意愿和信任基础，导致劳动关系的不稳定。行政部门需要适应这一新趋势，建立更加完善的监管体系和制度框架，确保劳动力市场的健康有序发展。

（三）应对去中心化劳动关系挑战的策略与建议

为了有效应对去中心化劳动关系带来的挑战，需要行政部门、企业和员工共同努力。行政部门应加强对灵活就业模式的监管和规范，确保劳动权益得到有效保障。例如，行政部门可以建立针对灵活就业者的社会保障体系，为其提供必要的保险和福利支持。同时，行政部门还应推动劳动力市场的信息化建设，提高劳动力供需匹配的效率和准确性。企业应积极适应去中心化劳动关系，制定更加灵活和人性化的用工制度。例如，企业可以提供更加多样化的工作选择和灵活的薪酬体系，以吸引和留住优秀的灵活就业者。同时，企业还应加强与员工的沟通和合作，建立良好的信任基础和长期合作关系。员工自身也应提升自我保护意识和能力，在选择灵活就业时充分了解相关权益和风险。同时，还应不断学习和提升自己的专业技能和综合素质，以适应不断变化的劳动力市场需求。通过行政部门、企业和员工的共同努力，可以推动去中心化劳动关系向更加健康、稳定的方向发展。

三、劳动关系的非正式化

（一）灵活就业模式与劳动关系的非正式化表现

随着灵活就业模式被广泛采用，劳动关系呈现出明显的非正式化特征。这种非正式化主要体现在劳动关系建立的方式上，相较于传统模式下通过正式劳动合同确立明确的权利义务关系，灵活就业中的劳动关系更多依赖于口头协议、网络平台规则或行业内部惯例等非正式手段。这些非正式方式的出现，一方面反映了劳动力市场对灵活性和效率的追求；另一方面也揭示了法律法规在新型劳动关系中的滞后性。

（二）非正式化劳动关系带来的灵活性与风险

非正式化的劳动关系为灵活就业模式注入了更高的灵活性。双方能够根据市场需求、项目进展或个人情况，快速且灵活地协商和调整工作条件、薪酬待遇等关键要素。这种灵活性不仅有助于企业迅速响应市场变化，优化人力资源配置，还能为员工提供更多个性化的职业发展机会。然而，非正式化劳动关系在提升灵活性的同时，也伴随着显著的风险。由于缺乏正式合同带来的法律约束，劳动关系中的权利和义务变得模糊，容易导致权益纠纷的发生。此外，非正式化劳动关系还可能加剧劳动力市场的不稳定性，增加员工工作中的不安全感。

（三）应对非正式化劳动关系挑战的法律与监管举措

为确保非正式化劳动关系在合法合规的框架内运行，降低其潜在风险，行政部门和相关部门需要采取一系列法律与监管举措。首先，应完善相关法律法规，明确灵活就业模式下劳动关系的法律地位和基本权益保障，为双方提供明确的法律指引。其次，建立健全监管机制，加强对灵活就业市场的监督和管理，确保非正式化劳动关系不违背法律法规的基本原则。最后，还应推动劳动争议解决机制的完善，为非正式化劳动关系中可能出现的纠纷提供高效、公正的解决途径。通过这些法律与监管举措的实施，可以平衡灵活就业模式的灵活性与劳动关系的稳定性之间的关系，促进劳动力市场的健康发展。

四、劳动关系的个体化与自主化

（一）灵活就业模式与劳动关系的个体化转变

灵活就业模式的出现，深刻地改变了传统劳动关系的结构，推动了其向个体化的方向转变。在传统的就业模式中，员工往往被视为企业的附属或部分，个人的职业发展和工作选择受限于企业的整体战略和日常运营。然而，在灵活就业的框架下，员工不再仅仅是企业的从属者，而成为具有独立地位和自主选择权的个体。他们可以根据自己的兴趣、专长以及市场需求，自主地选择适合自己的工作机会和发展路径，从而实现个人职业目标与企业需求的更好结合。

（二）自主化劳动关系对员工创造力的激发

灵活就业模式所推动的劳动关系自主化，极大地激发了员工的创造力和创新精神。在这种模式下，员工获得了更大的工作自主权和决策参与权，能够灵活地调整自己的工作时间、地点和任务量，以适应不断变化的工作环境。这种自主性和灵活性不仅提高了员工的工作满意度和归属感，更有助于他们发挥个人的创造潜能，为企业的创新和发展贡献更多的智慧和力量。同时，自主化劳动关系也要求企业营造更加开放和包容的文化氛围，鼓励员工提出新的想法和建议，从而实现企业与员工的共同成长和进步。

（三）个体化与自主化劳动关系对员工自我管理的新要求

尽管个体化与自主化的劳动关系为员工带来了更多的发展机遇和更大的自主权，但同时也对他们提出了更高的自我管理要求。在灵活就业模式下，员工需要具备更强的自我驱动能力，能够主动地规划自己的职业发展路径，不断学习和提升自己的专业技能和综合素质。此外，他们还需要具备良好的时间管理和任务协调能力，以确保在灵活的工作安排中保持高效的工作状态。这些新要求促使员工不断地自我反思和调整，以适应快速变化的工作环境，实现个人职业价值的最大化。

第四节　灵活就业者的权益保护问题

一、灵活就业者权益保护的现状

（一）劳动关系不明确

灵活就业形态因其多样性和工作安排的高度灵活性，使得传统劳动关系中劳动者与用人单位之间的明确界限变得模糊。这种模糊主要体现在对劳动关系的认定上，即灵活就业者与传统意义上的"员工"身份难以直接对应，从而导致他们不被视为传统劳动关系中的一方，进而在劳动权益保护方面陷入一种模糊地带。以平台企业与骑手之间的关系为例，平台企业通常倾向于与骑手签订服务协议，而非正式的劳动合同。这种做法在形式上规避了传统劳动关系中的诸多责任和义务，如社会保险缴纳、最低工资保障、工时限制等。由于服务协议的法律性质与劳动合同存在显著差异，骑手往往无法依据劳动法规定享受相应的福利待遇，包括但不限于社会保险、带薪休假、劳动保护等。这种权益保护的缺失，不仅损害了骑手的合法权益，也影响了灵活就业市场的健康发展。从学术角度来看，这种现象反映了当前劳动法律体系在应对新型就业形态时的滞后性和不适应性。为了保障灵活就业者的合法权益，需要对传统劳动关系认定标准重新进行审视和调整，以适应新时代经济发展的需求。同时，还应加强对立法的监督和监管力度，确保平台企业在享受灵活就业带来的便利的同时，承担起相应的社会责任，为灵活就业者提供必要的劳动保护和福利待遇。这样才能真正实现灵活就业市场的可持续发展，促进经济社会的和谐稳定。

（二）社会保障缺失

劳动关系的不确定性，成为灵活就业人员参与城镇职工社会保险的一大障碍。这种不确定性源于灵活就业形态下劳动者与用人单位之间模糊的界限，以及双方权利与义务界定的不清晰。因此，许多灵活就业人员难以被纳入传统的社会保险体系之中，或者即便能够参保，也只能以个人身份参加部分险种，保障水平相对有限。现行的失业、工伤及生育保险制度，均在一定程度上强调了企业作为参保对象的重要性。这种制度设计，无疑为拥有标准劳动关系的劳动者提供了全面的社会保障。然而，对于处于非标准劳动关系的灵活就业人员来说，却成为难以逾越的障碍。由于他们与用人单位之间的关系不够明确，往往无法被企业作为参保对象缴纳社会保险，从而陷入了社会保险覆盖的盲区。这种盲区，不仅使得灵活就业人员在面临失业、工伤等风险时缺乏必要的保障，也进一步加剧了其生活的不稳定性和经济压力。因此，针对灵活就业人员社会保险覆盖盲区，需要从制度层面进行深入思考和改革。通过完善社会保险制度，拓宽参保渠道，提高保障水平，确保灵活就业人员能够享受到与标准劳动关系劳动者同等的社会保障待遇，从而促进灵活就业市场的健康发展，维护社会的和谐稳定。

（三）工作不稳定

灵活就业者面临的工作环境与传统的稳定就业模式存在显著差异，其核心特征之一为工作任务与收入的不稳定性。这种不稳定性，首先体现在工作任务的非固定性上，由于灵活就业通常没有长期或固定的劳动合同，工作任务往往会因为项目需求、市场变化或季节性因素而发生波动，导致灵活就业者难以预测未来的工作量及相应的收入状况。此外，经济环境的任何微小变动，如行业兴衰、市场需求变化或制度调整，都可能对灵活就业者的收入产生直接影响，增加其经济生活的不确定性。更为严峻的是，灵活就业者往往缺乏清晰且稳定的职业发展路径。在传统就业体系中，员工可以通过不断学习积累经验并获得晋升机会，从而实现职业生涯的逐步发展。然而，在灵活就业领域，这种职业发展模式并不适用。由于工作性质的临时性和项目导向性，灵活就业者难以积累相关的职业经验和技能，也难以获得系统的职业培训机会，从而限制了其职业晋升的可能性。这种职业发展路径的缺失，不仅影响了灵活就业者的职业满意度和成就感，也增加了其长期经济安全的风险。

（四）劳动条件和安全保障不足

在灵活就业的广泛范畴中，部分岗位因其特有的工作模式与作业环境，可能未充分实施必要的劳动保护措施及有效的安全培训，这一现象凸显了灵活就业者在职业安全方面的脆弱性。尤其值得关注的是，诸如外卖配送员这类直接暴露于公共交通环境中的灵活就业者，其日常工作中面临着包括交通事故在内的多种职业风险。这些风险，不仅威胁到劳动者的身体健康与生命安全，也对其经济状况及家庭幸福构成潜在威胁。具体而言，外卖配送员为了满足平台的高效配送要求，常常需要在高峰时段穿梭于繁忙的街道，加之工作时间长，休息不充分等因素，极易导致注意力分散，增加交通事故的发生概率。然而，由于部分平台或雇主未能充分认识到这一职业风险，或出于控制成本的考虑，未能为配送员提供足够的劳动保护装备，如反光衣、安全头盔等，亦未定期组织安全驾驶与应急处理培训，导致劳动者在面对突发情况时缺乏足够的自我保护能力。更为严峻的是，即便外卖配送员在工作中不幸遭遇事故，由于灵活就业模式下劳动关系界定的复杂性，以及工伤保险覆盖范围的局限性，他们往往难以依据现行法律获得足够的工伤赔偿与医疗救助，其合法权益的保障力度因此大打折扣。这一现状不仅加剧了灵活就业者的职业风险，也反映了当前社会保障体系在适应灵活就业发展趋势方面的不足，亟须通过制度调整与制度创新，增加灵活就业者的职业安全保障，确保其在面对职业风险时能够获得及时有效的支持与保护。

（五）权益维护困难

灵活就业者在遭遇劳动纠纷时，其维权之路往往布满荆棘，这主要是由于劳动关系的模糊性、社会保障体系的缺失，以及由此导致的法律依据不明确和维权渠道不畅。在灵活就业的框架下，劳动者与雇主之间的关系不再遵循传统雇佣模式的清晰界限，而是呈现出多样化、复杂化的特点，这使得在发生劳动争议时，双方的权利义务难以依据现有法律进行明确界定。加之灵活就业者中许多人并未被纳入正规的社会保障体系，导致他们在面对如工资拖欠、工时过长、工作条件恶劣等问题时，缺乏必要的法律武器和社会保障支持来维护自身权益。即便灵活就业者试图通过法律途径解决纠纷，他们也常常会面临高昂的维权成本和复杂的维权程序。由于缺乏专业的法律知识和足够的经济资源，许多灵活就业者在面对烦琐的法律程序和可能产生的高昂诉讼费用时，不得不选择放弃维权，或是接受不利于自己的解决方案。此外，由于灵活就业者的分散性和流动性，传统的工会组织和集体谈判机制往往难以全面覆盖这一群体，这进一步削弱了他们的维权能力。灵活就业者在劳动纠纷中的弱势地位，不仅反映了当前劳动法律体系和社会保障制度在应对灵活就业新趋势时的不足，也凸显了构建适应灵活就业特点的法律保护机制和增加维权渠道的紧迫性。未来，需要通过立法创新、制度完善和社会各界的共同努力，为灵活就业者提供更加明确、有效的法律保护，降低其维权成本，提升其维权效率，从而确保这一新型就业群体的合法权益得到充分尊重和保障。

二、保护灵活就业者权益的对策与建议

（一）完善法律法规

针对灵活就业人员劳动关系认定的模糊性问题，明确其法律身份及建立

相应的认定标准,是保障这一群体权益的关键所在。当前,灵活就业的兴起对传统劳动法律体系提出了挑战,特别是在劳动关系的界定上,亟须通过立法创新来适应这一新趋势。为此,应首先通过立法手段,明确灵活就业人员的法律地位,将其纳入劳动法律保护的范畴,确保其在法律上享有与传统雇员同等的权益保障。在制定适应灵活就业特点的劳动法律法规时,需充分考虑灵活就业的多样性和灵活性,避免被过于僵化的规定束缚。具体而言,可以设立一套灵活而又不失公正的劳动关系认定标准,该标准应涵盖工作内容的实质性、经济依赖性、工作时间的持续性以及双方意向的明确性等多个维度,以期在保护灵活就业者权益的同时,也尊重市场经济的规律和企业经营的自主权。此外,立法还应关注灵活就业者在社会保险、职业培训、劳动安全等方面的特殊需求,建立相应的制度保障,如灵活的社会保险参保机制、针对性的职业技能提升计划以及强化劳动安全卫生监管等,从而全面提升灵活就业者的劳动保护水平。

(二) 优化社会保障制度

强化灵活就业人员的社会保障体系的首要任务是扩大社会保险的覆盖范围,确保这一群体能够被纳入失业保险、工伤保险等关键社会保险制度之中。此举旨在构建一张全面的社会保障网,使灵活就业者在面对失业、工伤等职业风险时,能够获得及时且有效的经济支持与保障,从而减轻其生活压力,增强抵御风险的能力。鉴于灵活就业人员收入的不稳定性,传统的社会保险缴费模式可能对其构成较大的经济负担。因此,调整社会保险的缴费基数和费率显得尤为重要。通过科学合理地设定缴费基数,并适度降低费率,可以有效缓解灵活就业人员的缴费压力,提高其参保的积极性和可持续性。此外,鉴于灵活就业群体的特殊性,建立灵活的缴费机制是提升社会保障制度适应性的关键。这一机制应充分考虑到灵活就业者经济状况的差异性,允许他们根据自身实际情况,灵活选择缴费档次和缴费时间。这种灵活性的增加,不仅能够提高灵活就业者参保的便捷性,也有助于增强社会保障制度的吸引力、扩大覆盖面。

（三）加强劳动监察和法律援助

为了保障灵活就业人员的合法权益，加大对灵活就业领域的劳动监察力度显得尤为重要。这要求相关监管部门不仅要建立健全的监察机制，还应加强执法力度，确保能够对灵活就业市场中存在的违法行为进行及时、有效的查处。通过定期巡查、随机抽查以及受理举报等多种方式，劳动监察部门应密切关注灵活就业领域的劳动条件、劳动报酬、工时安排等方面的问题，对发现的违法行为依法予以严厉惩处，以儆效尤。在加强劳动监察的同时，为灵活就业人员提供必要的法律援助和咨询服务也是不可或缺的一环。鉴于灵活就业者在维权过程中往往会面临专业知识匮乏、经济资源有限等困境，建立专门的法律援助机构或服务平台，为他们提供免费的法律咨询、代写法律文书、代理诉讼等服务，将极大地降低其维权成本，提高其维权成功率。此外，为了更高效地解决灵活就业领域的劳动纠纷，可以探索建立一站式联合调解服务机制。这一机制应整合劳动监察、劳动仲裁、法律援助等多方资源，形成合力，为灵活就业人员提供便捷、高效的纠纷解决途径。无论是涉及劳动报酬的争议，还是关于休息权、职业伤害赔偿等问题，都可以通过这一机制得到及时、公正的调解与处理，从而有效维护灵活就业者的合法权益，促进灵活就业市场的健康发展。

（四）建立行业协会和工会组织

行业协会作为连接行政部门与企业的桥梁，其在灵活就业领域发挥着不可或缺的作用。为了更好地维护灵活就业人员的权益，行业协会应积极制定并实施行业规范和标准，明确灵活就业者的劳动条件、薪酬待遇、工作时间等关键要素，从而为这一群体提供公平、透明的就业环境。这些规范和标准的制定，不仅有助于提升灵活就业市场的整体运行效率，也能够有效防范或减少劳动纠纷的发生，保障灵活就业者的合法权益。与此同时，推动建立灵活就业人员工会组织，是增强灵活就业者维权力量的重要途径。鉴于灵活就业群体的分散性和流动性，传统工会组织的组建和管理方式可能难以完全合适。因此，可以探索建立互联网工会等新型工会组织形式，利用互联网技术的便捷性和高效性，将灵活就业者团结起来，形成一个有力的维权集体。互联网工会应充分发挥其自主能动性和社会自治的优势，聚焦于职业安全等灵活就业者最为关心的领域，通过开展职业培训、提供安全咨询、组织安全检查等活动，切实提升灵活就业者的职业安全意识和自我保护能力。此外，互联网工会还可以成为灵活就业者与行政部门、企业之间的沟通桥梁，及时反映灵活就业者的诉求和意见，推动相关制度的制定和完善，从而更好地维护灵活就业者的合法权益。

（五）提升就业服务质量

为了促进灵活就业人员的全面发展，提升其福祉，完善其服务功能并强化岗位信息对接，行政部门和相关部门要构建高效、精准的就业信息服务平台，实现劳动力市场供需双方的有效匹配。通过整合线上线下资源，提供即时、全面的岗位信息，支持灵活就业人员根据自身技能与偏好多渠道就业，从而增加其就业的稳定性和满意度。健全培训措施是提升灵活就业人员职业技能、促进其职业发展的关键环节。应针对灵活就业市场的特点，设计灵活多样、实用性强的培训课程，涵盖职业技能、法律法规、职业安全等多个方面。通过行政部门补贴、企业合作等多种方式，降低劳动者参加培训的成本，激励他们不断提升自身能力，以适应市场变化，增加就业渠道。此外，稳步提高公共服务保障水平，对改善灵活就业人员的工作和生活条件具有重要意义。行政部门应增加公共服务设施方面的投入，如建设更多的劳动者休息站、提供便捷的交通服务、改善工作环境等，以切实提升灵活就业者的生活质量。同时，还应关注灵活就业者的社会保障问题，逐步完善其养老、医疗、工伤等社会保险制度，确保他们在遭遇风险时能够得到及时有效的保障。

（六）强化企业用工指导

为了进一步优化灵活就业环境，确保灵活就业人员的权益得到充分保障，加强法律制度宣传、用工行政指导和监督显得尤为重要。行政部门及相关部门应通过多种渠道，如线上线下的宣传活动、培训讲座、制度解读等方式，普及灵活就业相关的法律法规和制度措施，提高灵活就业人员和用工单位的法律意识，确保双方能够明确自身的权利和义务。在此基础上，持续推动相关制度措施的落地实施是关键。行政部门应建立健全的制度执行和监督机制，确保各项制度措施有效执行，并得到及时调整和完善，以适应灵活就业市场的发展和变化。同时，积极推行新就业形态系列指引指南，对于规范灵活就业市场、保障劳动者权益具有重要意义。这些指引指南应涵盖灵活就业的各个方面，包括劳动合同的签订、劳动报酬的确定、工作时间的安排、劳动规则的制定等，为平台企业及合作企业与劳动者提供明确的操作指南。通过引导双方依法签订劳动合同、书面协议，可以确保灵活就业关系的合法性和稳定性；合理确定劳动报酬和科学安排工作时间，有助于保障劳动者的合法权益和提高工作效率；制定公平的平台劳动规则，则能够保证灵活就业市场的公平竞争和良好秩序。

第六章　数字平台经济中的劳动力就业

第一节　数字平台经济的基本概念与特征

一、数字平台经济的基本概念

数字平台经济，作为数字经济领域的一个重要分支，其内涵与外延均展现出了独特的魅力与活力。这一经济模式深度植根于云、网、端等现代网络基础设施之中，充分利用了人工智能、大数据分析、区块链等一系列前沿的数字技术工具，从而实现了对交易的高效撮合、内容的快速传输以及管理流程的智能优化。其核心在于，平台本身并不直接参与产品的生产环节，而是作为一个中介者，巧妙地促成双方或多方供求之间的有效对接，通过收取合理的服务费用或赚取交易差价来获取经济收益。数字平台经济的兴起，不仅标志着数字经济时代的到来，更代表了传统经济组织和形态的一次深刻变革与升级。在传统经济模式下，企业往往通过控制生产资料和销售渠道来获取利润，而数字平台经济则打破了这一固化的模式。平台通过数字化手段，将原本分散的市场需求与供给资源高效整合，形成了一个个虚拟但功能强大的市场生态系统。在这个系统中，消费者可以更加便捷地获取所需商品或服务，而供应商也能以更低的成本触达更广泛的客户群体。此外，数字平台经济还展现出了强大的创新能力和适应性。随着技术的不断进步和市场的日益成熟，平台经济模式也在不断演化和发展。从最初的电子商务平台，到后来的共享经济平台、金融科技平台，再到如今的工业互联网平台，数字平台经济已经渗透到社会经济的各个领域，成为推动产业升级和经济增长的重要力量。数字平台经济的发展也带来了一系列新的挑战和问题。如何平衡平台的商业利益与社会责任，如何保障消费者的合法权益，如何防止平台垄断和不正当竞争，这些都是需要深入探讨和解决的问题。

二、数字平台经济的主要特征

（一）双边市场特性

数字平台经济作为现代经济体系中的重要组成部分，其双边市场特性尤为显著。在这一市场结构中，平台企业扮演着连接消费者与商家的桥梁角色，两侧市场主体——消费者与商家，在平台上形成了明确的分工与合作。平台运营商作为这一生态系统的构建者与维护者，其核心任务在于汇聚广泛的社会资源与合作伙伴，通过高效整合与优化配置，频繁促进交易的发生，进而实现用户规模的持续扩大。这一过程不仅为平台自身带来了价值的增加，同时也使参与各方（包括消费者与商家）均能从中获益，最终达到平台价值、客户价值与服务价值的最大化。双边市场的特性虽然为平台企业带来了一定的市场优势，然而，这种优势在特定条件下可能转化为垄断定价、捆绑销售等不正当竞争行为。平台企业凭借其在双边市场中的核心地位，有能力修改市场价格与交易规则，从而影响市场的公平竞争与消费者的选择权。因此，如何在保证平台创新活力的同时，有效规范其市场行为，防止市场优势被滥用，成为当前数字平台经济监管的重要课题。双边市场特性还深刻体现在"双边网络外部性"这一经济学原理上。具体而言，当平台的买家数量增加时，卖家加入该平台所能获得的潜在收益也会相应提升；反之，卖家数量的增多同样会吸引更多买家加入。这种正向的反馈机制，形象地描绘了一种"鸡生蛋，蛋生鸡"的动态平衡过程。在这一过程中，买家与卖家的决策相互依存、相互影响，共同推动着平台生态系统的繁荣与发展。双边网络外部性的存在，进一步提高了平台企业的市场地位，也为其带来了更多的商业机会与挑战。

（二）规模经济性

数字平台经济展现出了显著的规模经济性特征，这一特性在其市场扩张与价值创造过程中扮演着核心角色。当某一平台企业凭借技术创新、市场先入优势或高效的营销策略，在特定领域内迅速占据主导地位时，其规模经济性便得以充分显现。这主要是由于交叉网络外部效应和锚定效应的双重作用。交叉网络外部效应意味着，平台一侧用户数量的增加会吸引更多另一侧用户的加入，从而形成正向循环，促进平台规模的持续扩大。而锚定效应则使得早期加入平台的用户或商家成为后续用户选择的重要参考，进一步巩固了平台的领先地位。在这种强者愈强的市场格局下，高度的市场集中度不仅有助于降低商家的运营成本和消费者的搜索成本，还促进了平台企业资源的优化配置和效率提升。平台通过整合供需双方的信息与资源，实现了交易成本的显著降低，从而增加了整个生态系统的经济效率。平台经济的规模经济性还深刻体现在对"长尾理论"的重塑上。在传统经济模式下，企业往往会遵循"二八法则"，即专注于满足大部分用户的共同需求，以获取最大利润。然而，在数字平台经济中，这一法则被彻底打破。平台能够汇聚海量用户，即便是小众、个性化的用户需求也能得到充分的关注和满足。这些长尾部分的利基商品，虽然单个的需求量不大，但由于平台的集聚效应和规模效应，它们的总和却能产生巨大的商业价值。平台通过精准匹配供需要求，降低了边际成本，甚至在某些情况下实现了边际成本接近于零，而边际收益则随着用户规模的扩大而递增。这种经济模式的转变，不仅丰富了市场供给，满足了消费者的多元化需求，还激发了企业的创新活力，推动了新兴产业的发展。平台企业通过不断优化算法、提升用户体验，进一步强化了规模经济性，形成了良性循环。同时，平台经济的规模经济性也为平台企业提供了强大的市场壁垒，使其在面对潜在竞争者时具有更强的抵御能力。

（三）类公共属性

数字平台经济在现代社会中展现出独特的类公共属性，这一属性与其所涉及的广泛民生领域紧密相连。平台经济通常涉足人们的衣食住行等基本生活需求，在很大程度上扮演了公共服务提供者的角色。此类服务不仅关乎民众的日常福祉，还体现了平台作为社会经济基础设施的重要组成部分。平台的非排他性和非竞争性特征，进一步凸显了其公共资源的属性，即平台的服务可被广泛获取，且不会因用户的加入而减少其他用户的使用机会。尽管多数平台企业都是由私人资本投资建设并运营，但它们在提供服务的过程中所展现出的公共属性，要求这些企业在追求经济效益的同时，必须承担起相应的社会责任。这种责任不仅源于平台服务的广泛影响力和深入渗透性，还源于平台经济所固有的自然垄断性特点。

自然垄断性意味着，在某一特定领域内，由于规模经济、网络效应或资源稀缺性等因素，平台企业可能占市场主导地位，进而对价格水平和服务质量产生显著影响。因此，对平台企业的价格和服务质量制定有效规制，成为保障公共利益、维护市场秩序的重要一环。规制的目的在于平衡平台企业的商业利益与社会责任，确保平台服务的公平性、可及性和可持续性。具体而言，针对双边价格和质量的合理规制，可以防止平台企业利用市场优势地位进行不公平定价或降低服务质量，从而保护消费者和商家的合法权益。同时，良好的市场运行环境也有助于激发平台企业的创新活力，推动行业健康发展。在制定有效规制的过程中，需要综合考虑平台经济的特殊性、市场竞争状况以及技术进步等因素。规制措施应既具有灵活性，以适应快速变化的市场环境，也应具有前瞻性，以引导平台经济向更加可持续、负责任的方向发展。此外，还应加强监管合作与信息共享，构建多方参与的治理机制，共同推动数字平台经济的健康发展，确保其在服务民生、促进经济增长的同时，充分履行其社会责任，为构建和谐社会贡献力量。

（四）数据驱动性

数字平台经济作为互联网技术与新一代信息技术深度融合的产物，其本质在于对以数据为核心的生产要素或有价值资产，进行高效、智能的资源配置。这一新兴经济模式不仅标志着信息技术从辅助工具向核心驱动力的转变，也深刻改变了传统经济活动的组织方式和价值创造逻辑。在数字平台经济的框架下，数据不再仅仅是信息交流的媒介，而且成为推动经济增长、优化产业结构、提升社会效能的关键力量。平台经济的天然属性导致其成为数据生成与汇聚的枢纽。随着用户交互、交易活动的频繁发生，平台企业能够积累海量的数据资源，这些数据涵盖了用户行为、偏好、市场需求等多维度信息，为平台提供了宝贵的数据资产。因此，数据资源与算力算法的竞争日益成为平台企业间争夺市场优势的核心战场。各平台企业纷纷加大对数据收集、存储、处理和分析的投入，旨在通过深度挖掘数据价值，优化产品与服务，增强用户体验感，从而在激烈的市场竞争中脱颖而出。

数据驱动性在平台经济中不仅仅体现在数据量的积累，更在于对数据资源的深度挖掘和高效利用。借助大数据分析、人工智能等先进技术，平台企业能够实现对市场需求的精准洞察，预测消费趋势，优化供应链管理，提高服务响应速度和个性化水平。这一过程不仅促进了资源的高效配置，还极大地提升了平台的服务效率和用户满意度，为平台创造了巨大的商业价值。数据作为新的生产要素，在平台经济中发挥着越来越重要的作用。它不仅推动了平台企业业务模式的创新，还促进了新业态、新模式的涌现，如基于用户画像运行的精准营销、智能推荐系统等。这不仅增强了平台的竞争力，也为整个经济体系注入了新的活力。因此，对于平台企业而言，如何有效管理和利用数据资源，实现数据价值的最大化，成为其在数字时代持续发展的关键所在。

（五）网络协同性

数字平台经济作为一种新型的经济形态，其核心特征之一是其强大的网络协同性。这一特性使得平台能够跨越传统经济模式的界限，将上下游产业链、供需双方或买卖方紧密连接起来，实现资源的高效配置与协同作业。平台企业不仅能作为中介者促进交易双方的信息流通与资源交换，更能通过创新的技术手段和商业模式，激发用户在生产活动中的积极性与创造力。以优步为例，该平台通过智能匹配算法，成功发挥了大量闲置的个人资产（如私家车）的商业潜力，不仅为车主提供了额外的收入来源，也极大地方便了乘客的出行。而像 Youtube 这样的内容创作平台，则赋予了每个用户成为内容创作者的机会，使他们能够在灵活的工作时间内，根据自己的兴趣与专长，从平台中获得经济收益。这些平台的出现，不仅丰富了市场供给，满足了消费者的多元化需求，还促进了消费者个人价值与社会价值的双重实现。

网络协同性在平台经济中的另一重要体现，是对劳动力市场的深度重构。传统劳动力市场往往受到地域、时间、技能等多种因素的限制，而平台经济则通过提供精准匹配工作任务与劳动者的服务，打破了这些壁垒。平台能够实时汇聚全球范围内的劳动力资源，根据任务需求进行快速调度与配置，提高了劳动力市场的效率与灵活性。这一变革不仅促进了就业机会的增加，还推动了一个工作岗位与价值创造都极度分散的社会的形成。平台经济的网络协同性，不仅优化了资源配置，提高了生产效率，还促进了社会生产力的整体发展。它打破了传统经济模式下的信息孤岛与资源壁垒，实现了跨行业、跨地域的协同作业与知识共享。这种协同效应不仅增强了平台企业的市场竞争力，还推动了整个经济体系的创新与升级。同时，平台经济还通过技术赋能与模式创新，为劳动力市场的灵活性与多样性提供了新的可能，为社会的可持续发展注入了新的活力。

（六）跨界融合性

数字平台经济展现出了鲜明的跨界融合性，这一特性在资源共享的广度和深度不断拓展的背景下显得尤为突出。随着信息技术的飞速发展和互联网应用的广泛普及，产业间的边界逐渐模糊，即不同产业间通过平台实现的跨界融合现象日益显著。平台型企业作为这一融合过程的关键推动者，通过连接多边群体、整合多方资源，并制定相应的规则与机制，有效地满足了多边群体的多样化需求，从而在产业生态中扮演了连接者、整合者的重要角色。跨界融合性使得平台经济打破传统产业之间的壁垒，促进了新兴产业的快速崛起。以电子商务平台为例，它不仅将传统零售业与物流业紧密地连接在一起，实现了商品流通的高效协同，还通过大数据分析、个性化推荐等技术手段，为消费者提供了更为便捷、个性化的购物体验。同时，共享经济平台的兴起，使得闲置资源得到有效利用，不仅提高了资源的使用效率，还催生了新的商业模式和就业形态。此外，数字金融平台的出现，更是将金融服务带入了千家万户，使得金融服务变得更加便捷、普惠，有力地推动了金融行业的数字化转型。这种跨界融合性不仅推动了产业结构的优化升级，还为经济增长提供了新的动力。一方面，通过平台实现的跨界融合，可以促进不同产业之间的知识共享、技术交流和资源互补，从而加速创新成果的转化和应用；另一方面，跨界融合也有助于拓展市场空间，激发消费潜力，为经济增长注入新的活力。同时，平台经济的跨界融合性还促进了全球经济的互联互通，使得不同国家和地区之间的经济合作更加紧密，为全球经济一体化进程提供了有力支撑。数字平台经济的主要特征见图6-1。

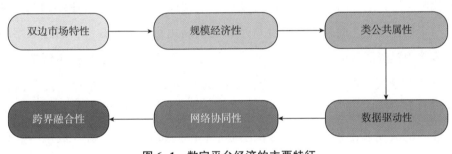

图6-1　数字平台经济的主要特征

第二节　数字平台经济中的就业创造与分配

一、数字平台经济的就业创造效应

（一）新产业与新业态的催生

数字平台经济作为信息技术革命与市场经济深度融合的产物，其核心价值在于通过高效整合优化配置各类资源要素，包括信息、资本、技术、人才等，实现了跨行业、跨领域的深度融合与协同创新。这一过程不仅深刻改变了传统产业的运行模式与竞争格局，还孕育出一系列前所未有的新经济形态，如共享经济、零工经济等，它们以灵活多样的就业模式和前所未有的市场活力，为劳动者开辟了广阔的就业空间与多元的职业选择路径。以电子商务平台为例，淘宝、京东等领军企业，通过构建高度集成的数字化交易生态系统，将数以亿计的商家与消费者紧密相连，形成了一个覆盖商品展示、交易撮合、物流配送、售后服务等全链条的在线商业网络。这一生态系统的构建，不仅极大地降低了市场交易成本，提高了交易效率，更重要的是，它为平台上的各类参与者创造了丰富的就业机会。对于商家而言，无论是小微创业者还是大型品牌商，都能借助平台的力量，快速触达全国乃至全球的消费者，实现业务量的快速增长；对于消费者而言，平台提供了便捷的购物体验，同时也催生了大量围绕电子商务生态的就业岗位，如店铺运营、客服、美工设计、物流配送等，这些岗位不仅要求过硬的专业技能，还促进了就业结构的多样化与个性化发展。此外，共享经济平台如滴滴出行、Airbnb 等，通过数字化手段将闲置资源与市场需求高效对接，不仅提高了资源利用率，还创造了大量基于共享模式的灵活就业机会，如网约车司机、民宿房东等，这些岗位往往具有时间自由、门槛相对较低的特点，为追求工作生活平衡或寻求额外收入的劳动者提供了可能。零工经济平台，如威客网、猪八戒网等，则进一步打破了传统雇佣关系的界限，让专业技能人士能够以项目为单位，灵活接单，实现知识与技能直接变现，促进了人才资源的全球流动与高效配置。

（二）灵活就业与新就业形态的兴起

数字平台经济的崛起，标志着就业市场正经历一场深刻的变革，这场变革从根本上打破了传统就业模式的刚性框架，为劳动者开辟了前所未有的多元工作路径。在这一新型经济生态下，远程办公、在线兼职、自由职业等新型就业形态如雨后春笋般涌现，为劳动者提供了更广阔的职业选择空间。这些灵活就业方式的出现，不仅是对传统全日制、固定地点工作模式的有效补充，更是对个体潜能与职业兴趣的深度挖掘和尊重。远程办公作为数字平台经济时代的一大特征，借助高速互联网与先进的通信技术，使得地理位置不再是得到工作机会的障碍。劳动者可以在家中、咖啡馆或是任何他们觉得舒适的地方开展工作，这种工作模式极大地提升了工作的灵活性与自主性，同时也降低了通勤成本，提高了生活品质。在线兼职为那些希望平衡工作与生活、或是追求多重职业身份的劳动者提供了可能。他们可以根据自身的时间安排与技能特长，灵活选择兼职项目，实现收入的多元化与个人价值的最大化。这种就业方式不仅促进了人力资源的有效利用，也激发了社会的创新活力。自由职业作为数字平台经济中最具代表性的就业形态之一，赋予了劳动者极大的职业自由度与选择权。自由职业者可以根据自己的兴趣与专长，在多个项目中自由切换，或是专注于某一领域深耕细作。

（三）技术进步的就业创造

数字平台经济蓬勃发展的背后离不开技术进步的坚实支撑与持续推动。在这一进程中，大数据、云计算、人工智能等前沿技术扮演了至关重要的角色，它们不仅为数字平台提供了强大的数据处理与分析能力，还促进了平台服务与产品的不断创新与迭代。正是这些技术的广泛应用，使得数字平台企业能够迅速捕捉市场需求，精准定位用户群体，从而不断推出符合时代潮流与市场需求的新产品、新服务。以芯片产业为例，作为数字经济的核心基石之一，其发展与进步直接推动了数字平台经济的繁荣。芯片技术的不断突破与升级，不仅提升了数字平台的运算能力与处理速度，还为各种智能应用提供了强大的硬件支持。在这一过程中，芯片设计、芯片代工、芯片封装等环节均需要大量的高技术人才参与，从而创造了众多的高技能、高收入就业岗位。这些岗位不仅要求劳动者具备扎实的专业知识与技能，还需要他们具备创新思维与解决问题的能力，以适应快速变化的技术环境与市场需求。此外，数字平台经济的发展还促进了相关产业链的延伸与拓展。例如，随着大数据技术的广泛应用，数据分析、数据挖掘、数据安全等岗位的需求日益增长，为劳动者提供了更多的就业选择与发展空间。同时，云计算技术的普及也推动了云计算工程师、云架构师等新兴职业的出现，为具备相关技术背景的劳动者提供了广阔的就业前景。

二、数字平台经济的就业分配机制

（一）平台资本的竞争与分配原则

在数字平台经济的广阔舞台上，平台资本之间的竞争态势尤为激烈，构成了这一新兴经济形态中不可或缺的一环。平台资本这一主要由风险投资构成的资金流，其流动性极强，能够迅速响应市场变化，捕捉盈利机会。在这场没有硝烟的资本竞赛中，尽管各平台在投资策略、运营模式及市场定位上可能存在显著差异，但它们共同遵循着一个核心原则：等量资本应获得等量利润。这一原则根植于资本主义经济体系的基本逻辑之中，即在激烈竞争的市场环境下，资本会自发流向那些能够提供更高回报率的领域。在数字平台经济中，这一原则体现得尤为明显。平台企业通过技术创新、市场扩张、提升用户黏性等手段，力图在激烈的市场竞争中脱颖而出，从而吸引更多的资本流入。而这些资本的流入，又进一步推动了平台的快速发展，形成了良性循环。然而，当不同平台上的利润率出现较大差异时，资本的自由转移便成为可能。资本逐利的本性驱使其从低利润率平台流向高利润率平台，以寻求更高的投资回报。这种资本的流动，不仅加剧了平台之间的竞争，也促进了整个数字平台经济的优化与升级。一方面，它迫使低利润率平台不得不进行改革创新，提升运营效率，以降低成本、增加利润；另一方面，它也为高利润率平台提供了更多的资金支持，助力其进一步扩大市场份额，巩固领先地位。此外，平台资本的竞争还推动了数字平台经济的创新与发展。为了吸引更多的资本关注，平台企业需要不断推出新的产品、服务或商业模式，以满足市场不断变化的需求。

（二）数字劳动创造价值的分配

在数字平台经济的框架内，数字劳动者作为核心要素，其创造的价值构成了整个经济体系运转的基础。这一价值创造过程，从本质上讲，涵盖了劳动力价值、剩余价值以及最终转化成的利润。数字劳动者的劳动力价值，是其作为生产要素在市场中获得报酬的基础，它体现了劳动者为保证自身及家庭成员生活所需的基本消费资料的价值。而剩余价值，则是数字劳动者在创造劳动力价值之外，额外为平台资本家提供的剩余劳动所形成的价值。这部分价值，在资本主义生产关系中，被资本家无偿占有，并转化为利润。在数字平台经济的分配机制中，数字劳动者所得的部分与平台资本家获得的利润是两个核心议题。尽管在不同平台中，数字劳动者因技能水平、工作性质、市场需求等因素，获得的工资、奖金等报酬可能存在显著差异，但这种差异并不会改变一个根本事实：数字劳动者所得的部分，从根本上讲是服从于资本积累的需要的。这意味着，无论数字劳动者获得的报酬如何变化，它都必须在确保资本家能够获得足够利润的前提下进行分配。换句话说，数字劳动者得到的报酬水平，虽然受到市场供需关系、劳动者自身条件等多种因素的影响，但最终还是要受到资本积累逻辑的制约。进一步讲，数字平台经济中的分配关系，体现了资本与劳动之间的深层次矛盾。一方面，数字劳动者通过自身的劳动创造了巨大的价值，为平台的发展提供了源源不断的动力；另一方面，他们所得的报酬却往往难以充分反映其劳动的真实价值，因为大部分剩余价值都被资本家以利润的形式占有。

（三）弹性劳资关系的形成

在数字平台经济的浪潮中，劳资关系展现出了前所未有的弹性化与网络化特征，这一转变深刻地重塑了传统劳动市场的格局。互联网平台作为数字经济的核心载体，其快速发展极大地促进了企业劳动力布局的空间分散化。在这一新型经济模式下，"核心—外围"结构的企业组织形态日益凸显，其中，"核心"通常指的是平台本身及其直接管理的关键业务团队，而"外围"则涵盖了广泛分布在全球各地的数字劳动者，他们通过平台提供的接口接入工作，形成了高度灵活且分散的劳动力网络。在"核心—外围"模式中，劳动力的功能、数量、工资以及工作时间均呈现出了显著的弹性化趋势。功能上的弹性体现在，数字劳动者可以根据平台需求快速转换工作角色，适应不同的项目与任务；数量上的弹性则意味着，平台可以根据业务需求即时调整劳动力规模，实现资源的优化配置；工资与工作时间的弹性，则允许平台根据市场供需、项目紧急程度等因素，灵活设定报酬标准与工作时间安排，从而提高了劳动力工作的效率与灵活性。这种弹性劳资关系不仅突破了传统组织边界的限制，还跨越了地理空间的界限，使得数字劳动者能够跨越国界，在全球范围内自由流动并得到合理配置。这一变化不仅为劳动者提供了更多的就业机会与更广阔的空间，也促进了全球知识与技能的交流与融合，加速了创新与经济发展的步伐。然而，弹性劳资关系也带来了新的挑战，如劳动权益保护、社会保障体系构建、跨文化沟通与合作等问题，这些都需要在全球范围内寻求有效的解决方案。

三、数字平台经济对就业质量的影响

（一）工作灵活性与生活平衡

在数字平台经济的蓬勃发展中，新就业形态高度的灵活性成为其一大显著特征，为劳动者提供了前所未有的平衡工作与生活的可能性。这一变革性的就业模式，允许劳动者根据个人需求、偏好以及外部条件，自主调整工作时间、选择工作地点，并灵活确定工作内容，从而极大地拓宽了职业道路的边界，增强了工作的适应性和个性化。灵活性首先体现在对工作时间的安排上。数字平台经济打破了传统全日制工作的束缚，劳动者可以根据自身生物钟、家庭责任或其他个人事务，自由选择工作时段，实现工作与休息的灵活切换。这种弹性工作时间不仅有助于缓解工作与生活的冲突，提高劳动者的生活满意度和幸福感，还可能激发其更高的工作热情和效率，因为劳动者能够在最佳状态下投入工作。工作地点的灵活性是另一重要维度。数字平台技术使得远程工作成为可能，劳动者不再受限于特定的办公场所，可以在家、咖啡馆、共享办公空间甚至旅途中完成工作。这种地理上的自由不仅减少了通勤时间和成本，还促进了工作与生活的融合，使劳动者能够在更舒适的环境中发挥创造力。工作内容的灵活性则体现在劳动者可以根据自身技能和兴趣，选择多样化的项目或任务，甚至在不同的平台间自由切换，实现职业路径的多元化发展。这种灵活性不仅满足了劳动者对职业成长和自我实现的需求，也促进了知识和技能的跨领域交流，为创新提供了肥沃的土壤。

（二）技能提升与职业发展

在数字平台经济迅速崛起的背景下，新就业形态以其独特的灵活性和创新性，对劳动者的综合素质与专业技能提出了更为严格且多维度的要求。这从根本上推动了劳动者持续学习，不断更新知识结构，提升技能水平，以适应快速变化的市场需求和技术环境。数字平台经济依托于大数据、云计算、人工智能等先进技术，这些技术的融合应用不仅重塑了传统行业，还催生了一系列新兴职业与岗位。因此，劳动者不仅需要掌握基本的数字技能，如数据分析、编程基础、数字营销等，还需具备跨学科的知识储备，如经济学、心理学、设计思维等，以应对复杂多变的工作任务。对综合素质的强调，促使劳动者不断学习新知识，拓宽视野，增强解决问题的能力。同时，新就业形态往往要求劳动者具备高度的自我管理和团队协作能力。在远程工作、项目制合作成为常态的情况下，劳动者需要有效管理个人时间，保持高效的工作状态，也要能够在虚拟团队中有效沟通、协同作业，这都对劳动者的软技能提出了挑战。因此，提升沟通表达、时间管理、团队合作等能力，成为劳动者适应数字平台经济的过程中不可或缺的一部分。此外，持续学习对于劳动者的职业发展具有深远意义。在技术日新月异的今天，劳动者只有不断学习新知识、新技能，才能保持竞争力，抓住职业晋升和转型的机会。劳动者的主动学习与自我提升，不仅促进了个人职业路径的多元化发展，也在整体上提高了社会的劳动力素质，为经济的持续增长和社会进步提供了坚实的人才基础。

（三）劳动关系的认定与保障

随着数字平台经济的蓬勃兴起，新就业形态以其独特的灵活性、多样性和去中心化特征，对传统劳动关系的认定带来了前所未有的挑战。这一变革不仅模糊了传统雇佣关系与自雇、合作等新型劳动形态之间的界限，还使得劳动关系的法律界定、权益保障及纠纷解决机制具有诸多复杂性和不确定性。传统劳动保障体系建立在相对稳定的劳动关系基础上，强调用人单位与劳动者之间的明确界限和固定的劳动时间、地点，以及与之相匹配的社会保险、福利待遇等。然而，在数字平台经济中，劳动者可能同时服务于多个平台，工作时间和地点灵活多变，工作内容和任务分配也具有高度自主性，这使得传统的劳动关系认定标准难以直接应用，劳动者的身份归属和权益保障因此变得模糊不清。为应对这一挑战，构建更加灵活、包容的劳动关系认定机制显得尤为重要。这要求法律与制度制定者重新审视劳动关系的本质，从保护劳动者权益的角度出发，设计能够适应新就业形态特点的劳动关系认定标准。例如，可以考虑以工作任务的实际履行效果、经济依赖性、劳动控制程度等因素作为判断劳动关系存在与否的关键指标，而非仅仅依赖于传统的劳动合同形式。同时，加强社会保障体系建设，为灵活就业者提供更加全面的保障，是保障新就业形态下劳动者权益的另一重要方面。这包括完善社会保障制度，确保灵活就业者能够平等享受养老、医疗、失业等基本社会保障；建立适应灵活就业特点的工伤保险制度，保障在工作中受伤的劳动者的合法权益；推动灵活就业者的职业培训与提升体系的建立，提高其就业能力和职业竞争力。

第三节　数字平台经济就业面临的挑战与对策

一、数字平台经济就业面临的挑战

（一）劳动关系认定模糊

随着数字平台经济的蓬勃兴起，新就业形态如网约车司机、外卖骑手、网络主播等迅速涌现，它们以灵活多样的工作方式吸引了大量劳动力。然而，这些新就业形态与传统雇佣模式存在显著差异，其中最为突出的是劳动关系界定的模糊性。在传统雇佣关系中，雇主与雇员之间的权利义务关系的明确，严格受劳动法等相关法律法规的保护。但在数字平台经济中，劳动者与平台之间往往不构成传统意义上的雇佣关系，而是基于网络平台的服务合作关系，这种关系的模糊性给劳动者的权益保障带来了诸多挑战。在权益保障方面，由于劳动关系的模糊性，劳动者在面对工资拖欠、工作条件恶劣、职业伤害等问题时，往往难以通过传统劳动法律途径寻求有效帮助。平台可能会利用算法和合同条款规避责任，使得劳动者在维权过程中处于不利地位。传统雇佣关系中，工资发放通常遵循固定的周期和标准。但在数字平台经济中，劳动者的收入往往与订单量、服务评价等因素挂钩，导致其收入波动较大，且可能缺乏透明的计算依据和保障机制。新就业形态下的劳动者往往需要自主安排工作时间，以适应平台的需求和客户的订单。这种灵活性虽然带来了便利，但也可能导致劳动者长时间工作，缺乏休息，进而影响身体健康和工作生活平衡。传统的劳动保障体系，如劳动法、社会保险等，是基于传统雇佣关系设计的，难以完全适应数字平台经济中新就业形态的需求。

（二）劳动者权益保护不足

在数字平台经济的框架下，劳动关系的模糊性成为一个显著的特征，这一特征在很大程度上削弱了劳动者的权益保护，使得他们常常处于弱势地位。与传统的雇佣关系相比，数字平台经济中的劳动者，如网约车司机、外卖骑手、网络主播等，与平台之间的关系更为复杂且不明确。这种模糊性不仅体现在劳动合同的缺失或不明确上，还体现在平台规则、制度以及算法决策的不透明性和不可预测性上。由于劳动关系的模糊性，劳动者收到的工资往往面临不确定性。平台可能会利用算法调整单价、减少派单量或设置复杂的奖励机制，间接降低劳动者的实际收入。同时，由于缺乏有效的监管和申诉机制，劳动者在遭遇工资拖欠或不合理扣款时，往往难以维护自己的合法权益。此外，工作时间过长也是数字平台经济中的劳动者面临的一个普遍问题。为了获得足够的收入，劳动者往往需要长时间在线等待派单或接受任务，这导致他们的工作时间远远超出法定标准。长时间的工作不仅损害了劳动者的身心健康，还剥夺了他们应有的休息和娱乐时间。在劳动安全卫生条件方面，数字平台经济中的劳动者的权益也往往得不到充分的保障。由于他们的工作地点分散且在不断变化，平台很难为他们提供统一的安全培训和防护措施。同时，一些平台为了降低成本，可能会忽视对劳动者工作环境的监管，从而导致劳动者面临各种安全风险。更为严重的是，由于缺乏有效的监管机制，平台可能会利用算法让劳动者遭到不公平的待遇。例如，平台可能会根据劳动者的历史数据或行为模式，对他们进行歧视性派单或降低单价，进一步削弱劳动者的议价能力和收益水平。这种不公平待遇不仅损害了劳动者的合法权益，还破坏了市场的公平竞争环境。

（三）技能匹配与培训挑战

在数字平台经济的浪潮中，技术革新与业务模式转型对劳动者的技能水平提出了更高要求。这一经济形态不仅强调对信息技术的熟练运用，还要求劳动者具备数据分析、在线协作、客户服务及快速适应新技术等多元化能力。然而，当前劳动力市场面临的技能供需不匹配问题，成为数字平台经济进一步发展的瓶颈。一方面，在长期的职业生涯中，传统行业的劳动者主要围绕特定行业或岗位的技能进行积累，对于数字平台经济所需的新型技能往往知之甚少。这些劳动者在转型至数字平台经济领域时，由于缺乏必要的数字技能，如基本的计算机操作、在线平台使用、数据分析等，难以有效适应新就业形态的工作要求。这种技能缺口不仅限制了劳动者的职业发展空间，也影响了数字平台经济的高效运行。另一方面，数字技能的更新速度极快，新技术、新应用层出不穷，这要求劳动者具备持续学习的能力，以不断掌握新知识、新技能，保持自身的竞争力。然而，现有的培训体系往往滞后于技术发展的步伐，无法及时为劳动者提供与市场需求相匹配的培训内容。传统的培训方式，如课堂授课、纸质教材等，难以满足劳动者对于灵活、个性化学习的需求。同时，培训资源的分配也不均衡，一些地区或行业的劳动者难以获得高质量的培训机会，从而进一步加剧了技能供需不匹配的问题。

（四）社会保障体系不完善

在数字平台经济的蓬勃发展中，灵活就业者这一股不可忽视的力量，为经济社会的繁荣贡献了重要力量。然而，他们在享受经济发展带来的机遇的同时，也面临着社会保障缺失的严峻挑战。传统社会保障体系是基于稳定的雇佣关系而构建的，包括养老保险、医疗保险等在内的各项保障制度，旨在为劳动者提供全面的风险防护网。但在数字平台经济中，灵活就业者与平台之间往往不存在传统的雇佣关系，这使得他们难以被纳入现有的社会保障体系之中。由于缺乏有效的社会保障制度，灵活就业者在面临生病、年老等风险时，往往缺乏足够的经济支持。他们可能无法享受到医疗保险带来的医疗费用报销，也可能在退休后无法获得稳定的养老金收入。这种社会保障的缺失，不仅增加了灵活就业者的经济负担，也削弱了他们的社会安全感，进而影响了他们的消费意愿和生活质量。此外，灵活就业者的流动性较强，他们可能会频繁在不同的地区、不同的平台之间流动，以寻求更好的工作机会和更高的收入。然而，现有的社会保障体系在跨地区转移接续方面存在诸多障碍。由于各地社会保障制度不统一、信息系统不兼容以及转移接续流程烦琐，灵活就业者在流动过程中往往面临社会保障权益的丧失或中断。这不仅损害了他们的合法权益，也阻碍了劳动力的自由流动和资源的优化配置。

（五）监管与法规滞后

数字平台经济的发展速度已显著超越了现有监管框架与法律法规的更新迭代速率，这一现象引发了监管空白与法规滞后等一系列复杂问题。数字平台经济作为新兴的经济形态，以其独特的运营模式、灵活的市场响应机制以及技术的高度创新性，拓展了传统行业的边界，同时也对劳动市场、消费者权益保护以及数据安全等多个领域带来了新的挑战。监管部门的面临的挑战尤为严峻。由于数字平台经济的快速迭代和跨界融合特性，现有的监管体系往往难以对其进行全面覆盖。监管手段的滞后性使得监管部门在面对新兴业态时，缺乏足够的法律依据和执法工具，难以准确判断平台行为的合法性与合规性，因此难以有效保障劳动者的合法权益。例如，在劳动关系认定、工作时间与休息休假、工资发放以及劳动安全卫生等方面，现有的监管框架往往难以适应数字平台经济中灵活多样的就业形态，导致劳动者的权益保护存在诸多漏洞。与此同时，法规的不完善也为数字平台提供了规避监管的机会。在缺乏明确法规指导的情况下，平台可能会利用算法和数据优势，让劳动者面临不公平的待遇，如降低单价、减少派单量或设置复杂的奖励机制，以规避劳动法规的约束。此外，法规的滞后还可能导致平台在数据收集、处理和使用方面存在不合规的风险，进而威胁到用户的隐私权益和数据安全。

二、数字平台经济就业面临挑战的对策

（一）完善劳动关系认定机制

针对数字平台经济中劳动关系模糊这一核心议题，构建一个更加灵活且包容的劳动关系认定机制显得尤为迫切与重要。此机制需深刻理解数字平台经济的运作逻辑及其对传统劳动关系的重塑，旨在明确平台与劳动者间复杂而多变的权利义务关系，从而为劳动者提供更加坚实的法律保障。首先，完善劳动关系认定机制的首要任务是明确平台与劳动者之间的法律关系。鉴于数字平台经济中，平台往往通过算法、数据等技术手段对劳动者进行管理与调度，而非传统的直接雇佣的方式，因此，有关部门需探索并确立一种新型的法律关系框架，既能够反映平台经济的特殊性，又能确保劳动者权益不受侵害。这要求有关部门在立法层面进行创新，对"平台雇主"概念进行界定，明确劳动者在劳动关系中的责任与义务，如提供合理报酬、保障劳动安全、承担社会保险费用等。其次，制定适应新就业形态的劳动法规是当务之急。传统劳动法规多基于标准工时、固定工作场所等前提设计，难以直接应用于数字平台经济中的灵活就业场景。因此，应修订或新增相关法律法规，如制定灵活工时制度、远程工作规范、算法决策透明度要求等，以确保新就业形态下劳动者的合法权益得到充分保护。同时，应考虑制定专门的数字劳动法规，针对平台经济的特点，制定具体的劳动标准、休息休假、职业培训等方面

的规定。最后，建立高效、公正的劳动争议调解和仲裁机制是保障劳动者权益的关键环节。数字平台经济中，劳动争议可能因劳动关系的不明确、证据的数字化等特点而更加复杂。因此，应优化现有的劳动争议处理流程，引入在线调解、快速仲裁等机制，提高争议解决的效率与公正性。同时，加大劳动监察力度，对平台违法违规行为严厉打击，确保法规的有效执行。

（二）加强劳动者权益保护

在数字平台经济迅速崛起的背景下，确保劳动者的合法权益免受侵害成为一项紧迫的任务。为了有效保障这些权益，建立健全相关法规和制度显得尤为重要。首先，应制定明确的最低工资标准，以确保劳动者在付出劳动后能够获得合理且足以维持生活的报酬。这一标准的制定应充分考虑当地的生活成本、经济发展水平以及劳动者的实际需求，确保劳动者不会因收入过低而陷入贫困。其次，限制工作时间也是保障劳动者权益的关键措施之一。在数字平台经济中，劳动者往往面临长时间工作的压力，这不仅损害了他们的身心健康，还剥夺了他们应有的休息和娱乐时间。因此，应制定合理的工作时间限制制度，确保劳动者有足够的时间进行休息和恢复，从而保持高效的工作状态。最后，保障劳动安全卫生条件也是不可或缺的。数字平台经济中的劳动者，如外卖骑手、网约车司机等，常常需要在恶劣的天气条件下或复杂的交通环境中工作，这增加了他们遭受意外伤害的风险。因此，应制定严格的劳动安全卫生标准，要求平台为劳动者提供必要的安全培训和防护措施，确保他们的工作环境安全、卫生。

在加强对平台的监管方面，应建立有效的监管机制，防止平台利用算法让劳动者遭到不公平待遇。这包括要求平台公开算法决策的过程和结果，接受社会监督；建立算法审计制度，定期对平台的算法进行审查和评估；设立投诉举报渠道，鼓励劳动者积极举报平台的不当行为。建立劳动者权益保护组织也是保障劳动者权益的重要途径，这些组织可以为劳动者提供法律咨询、法律援助和维权服务，帮助他们解决在工作中遇到的问题和纠纷。同时，这些组织还可以与行政部门、平台企业等进行沟通和协商，推动相关法规和制度的完善，为劳动者创造更加公平、稳定和有保障的工作环境。通过以上措施，可以有效地保障数字平台经济中劳动者的合法权益，促进数字经济的健康发展。

（三）提升劳动者技能与培训力度

在数字平台经济蓬勃发展的当下，技能供需不匹配问题日益凸显，成为制约劳动者适应新就业形态、实现职业发展的重大障碍。为破解这一难题，加大对劳动者的技能培训和提升力度显得尤为迫切。这要求平台企业从多个维度出发，构建一套全面、高效、灵活的数字技能培训体系。建立数字技能培训体系应涵盖数字平台经济所需的各种关键技能，如数据分析、云计算、人工智能应用等，确保劳动者能够掌握前沿的数字技术，提升其在数字平台上的竞争力。同时，培训体系应注重理论与实践的结合，通过案例分析、项目实践等方式，增强劳动者的实际操作能力。数字平台经济中的劳动者分布广泛，他们的学习时间和地点具有不确定性。因此，应充分利用互联网技术，开发一批高质量的在线学习资源，如网络课程、微课、短视频等，方便劳动者随时随地进行学习。这些资源应注重内容的实用性和趣味性，激发劳动者的学习兴趣。

通过设立职业技能鉴定机构，对劳动者的数字技能进行客观、公正的评价，可以为他们颁发相应的职业资格证书，增强其在就业市场上的竞争力。同时，职业技能鉴定还可以为平台企业提供选人用人的参考依据，促进人力资源的优化配置。在培训的过程中，应鼓励平台与培训机构合作，为劳动者提供定制化的培训服务。平台企业可以根据自身的业务需求和劳动者的技能水平，与培训机构共同设计培训课程和教学内容，确保培训内容与实际工作紧密契合。这种合作模式不仅可以提高培训的针对性和实效性，还可以降低平台企业的培训成本。通过设立专项基金、提供税收优惠等措施，激励培训机构和平台企业积极参与数字技能培训，推动培训市场的繁荣发展。同时，行政部门还应加强对培训质量的监管和评估，确保培训效果达到预期目标。通过以上措施，可以有效解决数字平台经济中技能供需不匹配的问题，促进劳动者的职业发展和数字经济的持续繁荣。

(四) 完善社会保障体系

在数字平台经济迅速发展的背景下，灵活就业者作为新兴劳动力群体，其社会保障权益的保障问题日益凸显。由于灵活就业者的工作性质、就业形态与传统雇佣关系存在显著差异，现有的社会保障体系往往难以全面覆盖这一群体，导致他们在面临生病、年老等风险时缺乏足够的保障。建立适合灵活就业者的社会保险制度，要求在现有社会保险制度的基础上，针对灵活就业者的特点，设计更加灵活、便捷的社会保险参与和缴费方式。例如，可以采用按单次服务、项目或时间段来计费并缴纳社会保险费的方式，以适应灵活就业者工作不稳定、收入不固定的特点。同时，应确保灵活就业者在享受社会保险待遇时不受歧视，享有与传统雇佣关系下劳动者同等的权益。由于灵活就业者的流动性较大，他们可能经常在不同的地区、不同的平台之间工作，因此应建立全国统一的社会保障信息平台和转移接续机制，确保灵活就业者在不同地区、不同平台之间的社会保障能够顺畅转移和接续，避免他们的社会保障权益因工作变动而受损。此外，加大对灵活就业者的社会保障宣传力度也是必不可少的。由于灵活就业者往往对社会保障制度了解不足，参保意识和积极性不高，因此应通过多种渠道和方式，如线上宣传、线下讲座、咨询服务等，向灵活就业者普及社会保障知识和制度，提高他们的参保意识和积极性，引导他们主动参与社会保险，享受社会保障带来的福祉。行政部门还应加强对社会保障基金的监管和管理，确保资金的安全和有效使用。这包括建立健全社会保障基金的监管机制，通过加强对基金筹集、使用、投资等环节的监督和管理，防止基金被挪用、滥用或浪费。

(五) 加强监管与法规建设

针对数字平台经济中监管与法规滞后的问题，加强监管与法规建设显得尤为关键。数字平台经济的迅猛发展，不仅带来了经济形态和就业模式的深刻变革，也对传统的监管体系和法规框架提出了严峻挑战。为应对这一挑战，必须建立健全适应数字平台经济特点的监管体系，确保监管的有效性和针对性。应明确监管主体的职责和权限，确保监管工作的专业性和独立性。同时，要充分利用大数据、云计算等现代信息技术手段，提高监管的智能化和精准化水平。在监管内容上，应重点关注平台的经济行为、劳动者权益保护、数据安全等方面，确保数字平台经济的健康发展。数字平台经济中的新就业形态，如网约车、外卖配送、网络直播等，具有灵活性、多样性等特点。传统的劳动法规和制度往往难以适应这些新形态的需求。

此外，加强跨部门协作和信息共享也是提高监管效能的重要途径。数字平台经济涉及多个领域和部门，需要各部门之间密切协作，形成监管合力。同时，要加强信息共享，打破信息孤岛，提高监管的透明度和公信力。在加大违法违规行为处罚力度方面，应提高平台的违法成本，对违法违规行为进行严厉打击，形成有效的震慑力。这不仅可以维护市场秩序和公平竞争，还可以保障劳动者的合法权益不受侵害。鼓励社会各界参与数字平台经济的治理和监管，形成多元共治的格局，这包括行政部门、企业、劳动者、消费者以及社会组织等各方力量的共同参与。通过建立健全多方参与的治理机制，可以充分发挥各方的优势和作用，推动数字平台经济的健康发展。

第七章　数字经济下的教育与培训

第一节　数字经济对劳动力技能的新要求分析

一、数字技能：数字经济的基础

（一）数据处理与分析能力

在数字经济高速发展的时代背景下，数据已然渗透到社会生产与生活的每一个角落，成为推动经济发展的关键要素。数据处理与分析能力是从海量信息中挖掘价值、辅助决策的重要技能，正逐渐成为劳动者必备的核心素养。数据处理是一个系统的过程，它涵盖了数据的收集、清洗、转换等多个环节。在数据收集阶段，劳动者需要掌握多种数据的获取方法，包括但不限于数据库查询、网络爬虫技术以及各类传感器的数据采集。随后，数据清洗工作则要求劳动者能够识别并处理数据中的异常值、缺失值以及重复值，确保数据的准确性和完整性。此外，数据转换也是一个重要环节，通过将数据转换为适合分析的格式，可以为后续的数据分析工作奠定坚实基础。数据分析则是基于处理后的数据，运用统计学、机器学习等方法，挖掘数据背后价值的模式、趋势和关联性的过程。劳动者在这一阶段需要掌握数据分析软件的使用，如 Excel、Python、R 语言等，并能够通过构建合理的分析模型，提取出对业务决策有指导意义的信息。同时，数据分析还要求劳动者具备一定的业务理解能力，以便将数据分析结果与实际应用场景相结合，为企业的战略规划、市场定位、产品优化等提供数据支持。可视化作为数据分析的最终呈现形式，其重要性不言而喻。通过将数据以图表、图像等直观方式展现，不仅可以帮助决策者更快地理解数据，还能够提升信息的传递效率。因此，劳动者需要掌握数据可视化工具的使用技巧，如 Tableau、Power BI 等，并能够通过分析目的和受众特点，选择合适的可视化方式，确保数据信息的有效传达。

（二）编程与软件开发能力

随着技术的不断进步，编程与软件开发已经渗透到各行各业的日常工作中，成为数字经济时代不可或缺的技能。在这样一个时代背景下，劳动者掌握编程语言和软件开发流程，不仅有助于提升个人竞争力，更是推动行业创新发展的关键。劳动者至少需要熟练掌握一种编程语言，如 Java、Python、C++等，并能够运用编程语言进行基本的程序设计和算法。通过编程，劳动者可以自动处理重复性任务，提高工作效率，同时也能够开发出新的应用程序，解决实际问题。除了编程能力外，软件开发能力也是劳动者需要重点提升的技能。软件开发能力即了解软件开发的完整生命周期，从需求分析、设计、编码到测试、部署和维护等各个环节。劳动者需要熟悉软件开发的各种工具和平台，如 Git、Docker 等，并能够与团队成员协作，共同完成软件项目的开发。在数字经济中，软件产品更新换代速度极快，这就要求劳动者具备持续学习和创新的能力。通过不断学习新的编程技术和软件开发方法，劳动者可以保持自身技能的领先，同时也能够为企业带来更多的创新点和更大的竞争优势。

（三）网络安全与防护能力

对于劳动者而言，具备网络安全与防护能力不仅关乎个人信息安全，更是保障企业乃至国家信息安全的重要一环。网络安全意识是网络安全与防护能力的基石。劳动者需要充分认识到网络安全的重要性，时刻保持警惕，避免在网络上泄露个人或企业的敏感信息。同时，劳动者还应了解网络安全法律法规和行业标准，确保自身行为符合相关要求。在技能层面，劳动者需要掌握基本的网络安全知识，包括常见的网络攻击手段如"钓鱼"、恶意软件、DDoS攻击等，以及相应的防护措施如防火墙配置、病毒查杀、数据备份等。此外，劳动者还应学会使用网络安全工具进行漏洞扫描、风险评估等操作，及时发现并处理潜在的安全隐患。面对不断变化的网络安全威胁，劳动者还需具备快速应对和处置突发事件的能力。这要求劳动者不仅要熟悉应急预案的制定和执行流程，还要通过参加模拟演练等方式提升实战能力，确保在遭遇网络安全事件时能够迅速响应、有效处置，最大限度地减少损失和影响。

二、创新思维：数字经济的驱动力

（一）问题发现与解决能力

在数字经济时代，伴随着技术的迅猛发展和市场环境的不断变化，各类问题和挑战层出不穷。对于劳动者而言，具备敏锐的问题意识以及高效的问题解决能力，已成为适应这一时代变革的关键素养。问题发现能力是劳动者在面对复杂多变的数字经济环境时，能够及时捕捉到潜在问题或风险的重要能力。这要求劳动者不仅要有深厚的专业知识储备，以便从专业角度审视和分析问题，更要有敏锐的观察力和批判性思维，能够从海量信息中筛选出有价值的信息，进而对问题进行准确描述和定位。在数字经济中，问题的出现可能是由于技术层面的缺陷、市场需求的变动，也可能是管理流程的漏洞。劳动者需要全面而细致地审视每一个环节，确保问题能被及时发现。与问题发现能力相辅相成的能力是问题解决能力。在准确描述和定位问题之后，劳动者需要运用创新思维和方法，提出切实可行的解决方案。这要求劳动者不仅要具备扎实的专业知识，能够针对具体问题给出专业性的建议，更要有开阔的视野和灵活的思维，能够从不同角度审视问题，提出创新性的解决方案。在数字经济中，问题的解决往往涉及多个部门和多种技能的协同，劳动者还需要具备良好的沟通能力和团队协作精神，以便推动解决方案的有效实施。

（二）跨界融合与创新能力

数字经济正以其独特的融合性和创新性，深刻改变着传统经济格局，跨界融合与创新能力成为劳动者不可或缺的核心竞争力。跨界融合能力要求劳动者打破传统行业边界，实现多元知识和技术的有机融合。在数字经济中，信息技术的广泛应用加速着各行业之间的渗透与融合，形成了诸多新兴领域和业态。劳动者需要具备跨界思维，深入了解不同领域的知识和技术特点，发现它们之间的内在联系和潜在价值，进而通过有机融合创造出新的增长点。这种跨界融合能力不仅有助于提升劳动者的个人价值，更能为企业的创新发展注入新的活力。创新能力则是确保劳动者在数字经济中保持竞争优势的关键。面对日新月异的技术变革和市场需求，劳动者需要具备足够的创新意识和实践能力，能够不断探索新的思路和方法，提出具有前瞻性和引领性的创新方案。创新能力要求劳动者既要有深厚的专业知识储备，以便在创新过程中得到有力支撑，又要有敏锐的市场洞察力，以便及时捕捉到创新机遇并快速做出响应。

（三）用户体验与优化设计能力

在数字经济时代，"用户至上"已成为企业生存和发展的重要法则，对于劳动者而言，具备用户体验与优化设计能力显得尤为重要。用户体验能力是确保企业能够在数字经济中深入理解用户需求、提升用户满意度的关键能力。这要求企业具备用户思维，能够站在用户的角度去思考和分析问题，了解用户的真实需求和期望。通过用户调研、数据分析等手段，企业可以获取宝贵的用户反馈和行为数据，进而为产品和服务的优化提供有力依据。与用户体验能力紧密相连的是优化设计能力。在深入了解用户需求的基础上，企业需要运用设计思维和方法，对产品和服务持续改进和优化。这包括提升产品的功能性、易用性和美观度，增强服务的便捷性、高效性和个性化等。通过不断优化设计，企业可以为用户带来更加卓越的使用体验，从而增强用户对产品和服务的忠诚度和满意度。在数字经济中，用户体验与优化设计能力不仅有助于提升企业的品牌形象和市场竞争力，更能为企业的可持续发展奠定坚实基础。

三、跨学科能力：数字经济的综合要求

（一）多学科知识融合能力

计算机科学、经济学、管理学、社会学等多个学科在数字经济中相互渗透，共同构筑了一个复杂而多元的知识体系。多学科知识背景是劳动者在数字经济时代必备的基础素养，劳动者需要通过广泛学习和实践，积累不同学科的知识和技能，包括计算机科学的编程与算法、经济学的市场分析与预测、管理学的组织与运营、社会学的用户行为与社会影响等。这些多学科知识将为劳动者提供更全面的视角和更丰富的思维工具，有助于劳动者更好地理解和应对数字经济中的复杂问题。在积累多学科知识的基础上，劳动者还需要具备将这些知识有机融合的能力。通过跨学科的学习和实践，劳动者可以发现不同学科之间的内在联系和互补性，进而将它们有机结合，形成综合性的知识体系。这种知识体系不仅有助于提升劳动者的综合素质和创新能力，更能够为解决数字经济中的实际问题提供更为全面和深入的解决方案。

（二）跨领域合作与沟通能力

跨领域合作能力要求劳动者能够跳出自身的专业局限，积极寻求其他领域专业人士的合作与交流。在数字经济中，各类问题和挑战往往涉及多个领域的知识和技能，单一的专业视角已难以提供全面的解决方案。因此，劳动者需要具备开放的心态和广阔的视野，主动寻求与其他领域专业人士的合作，共同探索和创新。沟通能力则是实现跨领域合作的关键。在合作过程中，劳动者需要具备良好的沟通技巧和团队协作能力，能够与不同背景和专业的团队成员有效交流、协商和协作。通过准确传达自己的观点和需求，倾听和接受他人的意见和建议，劳动者之间可以建立起良好的合作关系，推动项目的顺利进行。

（三）系统思维与整体优化能力

数字经济作为一个高度复杂且不断变化的系统，要求劳动者具备系统思维和整体优化能力，以应对其中的各种挑战。系统思维是理解和分析数字经济复杂性的基础，劳动者需要从整体和全局的角度出发，深入剖析数字经济的各个组成部分以及它们之间的联系和相互影响。通过构建系统的思维框架，劳动者可以更好地把握数字经济的本质和规律，为解决实际问题提供更为全面和深入的视角。整体优化能力是提升数字经济效率和效益的关键，它要求劳动者运用系统分析的方法和工具，对数字经济的各个环节和流程进行全面优化。这包括提升系统的运行效率、降低运营成本、增强系统的稳定性和安全性等方面。通过整体优化，劳动者可以推动数字经济的持续健康发展，为企业和社会创造更大的价值。

四、持续学习能力：数字经济的必备素质

（一）自主学习与自我提升能力

在数字经济高速发展的今天，新知识和新技术以惊人的速度不断涌现，传统的教育模式已难以满足劳动者对持续学习的需求。因此，自主学习与自我提升能力成为劳动者在职业生涯中不可或缺的核心素养。这种能力使劳动者能够主动迎接挑战，把握发展机遇，通过自我驱动的学习不断提升专业水平，从而在激烈的市场竞争中立于不败之地。自主学习能力的核心在于劳动者的主动性。它要求劳动者具备强烈的学习意愿和明确的学习目标，能够根据自身职业发展的需求，自主规划学习路径，选择适合自己的学习方法和资源。在数字经济时代，自主学习能力尤为重要，因为知识和技术的更新速度极快，只有不断学习才能跟上时代的步伐。自我提升能力则是自主学习能力的延伸和深化。它不仅仅局限于新知识和新技能的获取，更关注劳动者在认知、情感、态度等多个层面的全面提升。这种能力使劳动者能够在学习过程中不断反思、总结和实践，将新知识和新技能内化为自身的专业素养，从而

实现个人价值的持续增长。

（二）终身学习意识与习惯

随着数字经济的深入发展，终身学习已成为劳动者适应社会变革、实现个人成长的必由之路。终身学习意识和习惯的培养，对于劳动者在职业生涯中持续进步、不断创新具有重要意义。终身学习意识是劳动者持续学习动力的思想基础。它要求劳动者深刻认识到学习的重要性，明确学习是一生的事业，而非某个阶段的任务。这种意识能够激发劳动者的内在学习动力，使其在面对新知识、新技术时保持开放和接纳的态度，勇于挑战自我，不断追求卓越。与终身学习意识相辅相成的是终身学习习惯。习惯是行为的自动化，良好的学习习惯能够使劳动者的学习更加高效、有序。终身学习习惯的培养需要劳动者在日常生活中不断实践、积累，通过制订合理的学习计划、选择适合的学习方法、持续保持学习节奏等，逐步形成良好的学习习惯，为终身学习奠定坚实的基础。

（三）学习资源的获取与利用能力

在数字经济时代，学习资源的丰富性和多样性为劳动者的学习提供了前所未有的便利，如何有效地获取和利用这些学习资源，成为劳动者面临的新挑战。学习资源的获取与利用能力因此成为数字经济时代知识管理的关键能力。劳动者需要具备敏锐的信息意识和熟练的检索技能，能够在浩如烟海的网络资源中快速准确地找到所需的学习材料。这要求劳动者不仅要熟悉各种搜索引擎和学术数据库的使用方法，还要学会利用社交媒体、专业论坛等渠道获取最新的行业信息和专家观点。获取到学习资源后，劳动者需要对其进行有效的整合、加工和创新应用，以最大化地发挥学习资源的价值。这要求劳动者具备良好的信息处理能力、批判性思维和创新精神，能够批判性地分析和评价学习资源的质量和可靠性，将其与自身的知识体系相融合，进而产生新的认知和创意。

五、适应变化能力：数字经济的生存法则

（一）灵活应变与快速适应能力

在数字经济时代，市场环境、技术革新以及业务需求均呈现出快速变化的特征，劳动者必须具备灵活应变与快速适应的能力，方能在这股变革的潮流中立足。这种能力不仅要求劳动者能够迅速响应外部变化，更需要其在内心深处培养一种持续学习和不断进化的思维模式。灵活应变能力体现在劳动者能够敏锐地捕捉到市场、技术或组织内部的变化，并及时调整自己的工作策略和方法。在数字经济中，这种能力尤为重要，因为任何一次技术的突破或市场的变动都可能带来全新的业务机会或挑战。劳动者需要时刻保持警觉，对变化作出迅速而准确的判断，从而确保自己始终站在行业的前沿。快速适应能力则是劳动者在面对新环境、新任务时能够迅速融入并开始有效工作的关键。这种能力不仅要求劳动者具备扎实的专业基础，更需要其拥有开放的心态和强大的学习能力。通过不断学习和实践，劳动者可以逐渐提升自己的快速适应能力，从而在数字经济的大潮中乘风破浪，勇往直前。

（二）压力管理与心理调适能力

随着数字经济的蓬勃发展，劳动者所面临的工作压力也日益增大，压力管理与心理调适能力成为劳动者必备的重要素养，它们不仅关系到劳动者的个人身心健康，更直接影响到其工作效率和职业发展。压力管理能力是劳动者在面对繁重的工作任务和紧张的工作环境时，能够合理调控自身情绪和行为的关键。通过掌握有效的压力管理技巧，如时间管理、任务分解、优先级排序等，劳动者可以更好地平衡工作与生活，降低压力对身心健康的负面影响。心理调适能力则体现在劳动者遇到挫折、困难或变化时，能够积极调整心态，保持乐观向上的精神状态。在数字经济时代，市场竞争激烈，变化无常，劳动者需要具备强大的心理韧性，才能在逆境中不断成长和进步。通过培养积极的心态、增强自我认知、建立良好的人际关系等，劳动者可以逐渐

提升自己的心理调适能力，从而更好地应对数字经济中的各种挑战。

（三）未来规划与职业发展能力

未来规划能力要求劳动者具备前瞻性的视野和战略性的思维，能够根据自身兴趣、能力以及市场动态，制定出切实可行且富有挑战性的长期职业目标。在数字经济中，行业趋势变幻莫测，技术更新换代迅速，劳动者必须时刻保持对市场动态的敏锐洞察，不断调整和优化自己的职业规划，以确保个人发展与时代需求紧密相连。职业发展能力则侧重于劳动者在实现职业目标过程中所展现出的行动力与学习能力。它要求劳动者积极主动地寻求成长机会，不断提升自身专业技能与综合素质，以应对职业生涯中的各种挑战。在数字经济时代，持续学习与自我更新成为职业发展的核心驱动力，劳动者需要通过参加培训、拓展知识领域、参与项目实践等方式，不断增强自己的职业发展能力，从而在激烈的竞争中脱颖而出，取得个人职业生涯的辉煌成就。

第二节　教育培训体系在数字经济中的改革方向

一、数字化教育资源的整合与优化

（一）数字化教育资源的整合与优化在数字经济时代的重要性

随着数字经济的蓬勃发展，教育培训体系正面临前所未有的转型需求，数字化教育资源的整合与优化显得尤为关键。这一改革方向不仅关乎教育资源的配置效率，更直接影响到教育质量的提升和教育公平的推进。数字化教育资源，如电子书籍、在线课程、虚拟实验室等，以其多元化、互动性强的特点，为现代教育注入了新的活力。这些资源突破了传统教育模式的时空限制，使得学习变得更加灵活、便捷。然而，仅仅拥有这些资源并不足以实现教育的数字化转型，关键在于如何有效地整合和优化这些资源。通过构建统一的教育资源平台,可以实现教育资源的集中管理、共享与高效利用。这一平台应具备强大的资源整合能力,能够将分散、异构的教育资源汇聚在一起,形成统一、规范的教育资源库。同时,平台还应提供便捷的资源检索和获取服务,使得教师和学生能够轻松找到所需的教学资源,从而提高教学效率和学习效果。数字化教育资源的整合与优化不仅能够降低教学成本,还能显著提高教育资源的可达性和利用率。在传统的教育模式下,优质教育资源往往集中在少数地区和学校,导致地域间、城乡间的教育差距不断扩大。而通过数字化教育资源的整合与优化,可以广泛地将这些资源分享给更多的学生,从而缩小教育差距,促进教育公平。

(二)利用大数据与云计算实现教育资源智能化分析与推荐

在数字经济时代,大数据与云计算技术的迅猛发展,为教育培训体系带来了前所未有的机遇。这些先进技术可以对教育资源进行智能化分析和推荐,以满足学生个性化的学习需求,进一步提升其学习效果和兴趣。大数据技术的应用,使得教师能够全面、深入地了解学生的学习行为和习惯。通过对学生的学习数据、互动记录等进行挖掘和分析,可以精准地掌握每个学生的知识掌握情况、学习习惯以及潜在的学习难点。这些宝贵的信息为教育资源的智能化推荐提供了有力的数据支撑。而云计算技术则为教育资源的智能化推荐提供了强大的计算能力和存储空间。借助云计算平台,可以构建复杂的推荐算法和模型,对海量的教育资源进行高效的筛选和匹配。同时,云计算的弹性扩展特性,使得大规模并发访问和数据处理需求能被轻松应对,确保推荐服务的稳定性和可用性。通过大数据与云计算技术的结合应用,可以实现教育资源的精准匹配和个性化推荐。具体而言,系统可以根据学生的学习需求和兴趣爱好,为其推荐合适的学习资源和课程。这种智能化的推荐方式,不仅提高了学生的学习效果和兴趣,还有助于培养学生的自主学习能力和创新思维。同时,对于教师而言,这些技术也能够帮助他们更好地了解学生的学习状况和需求,从而制订更加科学、合理的教学计划和策略。

二、在线学习平台的创新与发展

（一）在线学习平台在数字经济时代的功能与优势

在线学习平台作为数字经济时代教育培训体系的核心组件，其重要性日益凸显。这一平台通过互联网技术，打破了传统教育的时空限制，为学生和教师提供了前所未有的便利。在线学习平台不仅赋予学生学习时间和空间上的灵活性，使得学生可以根据自身节奏在不同时间和地点进行学习，更重要的是，它支持多样化的学习模式，满足了不同学生的个性化需求。自主学习、协作学习和项目式学习等多样化学习模式，在在线学习平台上得到了充分的体现和应用。自主学习模式强调学生的主动性和自我管理能力，在线学习平台通过提供丰富的学习资源和自主进度控制，使得学生能够根据自身兴趣和目标进行深度学习；协作学习则注重学生之间的交流和合作，平台通过在线讨论区、小组协作工具等功能，促进了学生之间的知识共享和团队协作能力的培养；项目式学习则以实际问题解决为导向，平台通过引入真实场景的项目案例，引导学生在实践中探索和创新，从而培养了其问题解决能力和批判性思维。在线学习平台的这些功能和优势，不仅为学生提供了更加灵活和个性化的学习路径，也为教育培训机构带来了教学模式创新的可能性。通过不断创新和完善在线学习平台的功能和设计，可以期待其为教育培训领域带来更具革命性的变革。

（二）前沿技术融合与在线学习平台的未来发展

随着科技的飞速进步，人工智能、虚拟现实等前沿技术正逐渐渗透到教育的各个领域。在线学习平台作为教育培训体系的重要组成部分，也应积极拥抱这些技术，以实现更加高效、沉浸式和交互式的学习体验。通过深度学习和自然语言处理等技术，平台可以实现对学生学习行为的精准分析和个性化推荐。例如，根据学生的历史学习数据和兴趣偏好，智能推荐系统可以为其推送相关的学习资源和课程，从而提高学习的针对性和效果。此外，人工智能技术还可以辅助教师进行智能辅导和答疑，减轻教师的工作负担，提升教学质量。通过构建虚拟教室或实验室，学生可以在模拟的环境中进行实践操作和学习探究。这种沉浸式的学习方式不仅可以提升学习的趣味性和效果，还有助于培养学生的空间感知能力和实践操作能力。例如，在医学教育中，通过虚拟现实技术模拟手术场景，学生可以在无风险的环境下进行手术操作练习，从而快速掌握手术技能。

三、个性化教学策略的实施

（一）个性化教育在数字经济时代的重要性

个性化教育强调尊重每个学生的独特性和差异性，认为每个学生都是独一无二的个体，具有不同的学习风格、兴趣和潜力。这与传统的"一刀切"教学模式形成了鲜明的对比。在传统模式下，学生往往被视为被动接受知识的"容器"，教师则按照统一的标准和进度进行教学。这种教学方式忽略了学生的个体差异，导致部分学生无法充分发挥自己的潜力，甚至对学习产生厌倦和抵触情绪。而在数字经济时代，随着大数据和人工智能等技术的普及，有了更加便捷和高效的方式来分析学生的学习行为和需求。这使得个性化教育不再是一个遥不可及的理念，而是可以通过技术手段实现的现实目标。

（二）借助技术实现个性化教学的策略与方法

要实现个性化教学，首先需要对学生的学习行为、能力水平等进行全面而精准的分析。这离不开大数据和人工智能等技术的支持。通过收集学生在学习过程中的各种数据，如作业完成情况、课堂互动记录、在线学习时长等，可以构建一个全面的学生学习画像。这个画像不仅可以反映学生的知识掌握情况，还能揭示学生的学习风格、兴趣爱好和潜在能力。基于这些分析结果，教育培训机构可以为学生制订个性化的教学计划和辅导方案。例如，对于学习基础较差的学生，可以为其提供更多的基础训练和辅导资源；对于学习兴趣浓厚的学生，则可以引导他们进行深入探究和拓展学习。同时，教师还可以根据学生的学习风格和特点，调整教学方式和方法，以更好地满足学生的个性化需求。除了制订个性化的教学计划和辅导方案外，还可以借助技术为学生量身定制学习路径和资源支持。例如，通过智能推荐系统为学生推送符合其兴趣和学习需求的学习资源；通过在线学习平台为学生提供多样化的学习模式和交互方式；通过虚拟现实等技术为学生打造沉浸式的学习环境等。

四、智能化评估与反馈机制的构建

（一）智能化评估在教育培训体系中的应用与价值

传统的以考试分数为唯一评价标准的模式，其局限性和不足已逐渐被认识到。为了满足现代教育的多元化、个性化需求，构建智能化评估与反馈机制显得尤为重要。这一机制能够通过运用大数据、机器学习等前沿技术，实现对学生学习过程与成果的全面、动态评价，进而为教师和学生提供更为精准、个性化的教学与学习上的支持。智能化评估机制的应用，首先体现在对学生学习状况的多维度评价上。借助大数据技术的支持，可以收集并分析学生在学习过程中产生的各类数据，如作业完成情况、课堂参与度、在线学习时长等。这些数据不仅涵盖了传统考试成绩所能反映的知识掌握情况，更能揭示出学生的学习态度、习惯、能力发展等多方面的信息。通过对这些数据的深入挖掘和分析，能够更全面地了解学生的学习状况，进而为其提供更贴合实际需求的教学与辅导。此外，智能化评估还能实现对学生学习成果的动态化跟踪与评价。在传统的评估模式下，学生的学习成果往往只能通过定期的考试或测试来检验，这种方式无法及时反映学生在学习过程中的变化与进步。而智能化评估则能通过持续的数据收集与分析，实时追踪学生的学习轨迹，及时发现其在学习中的亮点与不足。这种动态化的评价方式不仅有助于教师及时调整教学策略，提供针对性的指导，更能激励学生保持持续学习的动力，积极追求个人的成长与进步。

（二）智能化评估对教与学的个性化支持

在传统的教学模式下，教师往往难以全面了解每个学生的学习状况和需求，因此难以实施真正意义上的个性化教学。而智能化评估则能通过精准的数据分析，为教师揭示出每个学生的学习特点、兴趣偏好以及潜在的学习难点。基于这些信息，教师可以为每个学生制订更为贴合其实际需求的教学计划和辅导方案，从而遵循因材施教的教育理念。对于学生而言，智能化评估同样具有显著的个性化支持作用。通过智能系统对学习数据的分析与反馈，学生能够更清晰地认识到自己在学习中的优势与不足。智能系统还能根据学生的学习特点和问题，为其推荐合适的学习资源和策略，提供针对性的学习建议。这些学习上的个性化支持有助于学生规划更有效的学习路径，提升学习效率和质量。

五、跨界合作与产教融合

（一）教育培训体系在数字经济时代的跨界融合意义

数字经济作为当前经济社会发展的重要引擎，其鲜明的跨界融合特征正深刻影响着各行各业，教育培训体系亦不例外。在数字经济时代背景下，教育培训不再局限于传统的课堂教学和书本知识，而是需要与时俱进，积极寻求与其他行业的跨界合作与产教融合。这种融合不仅有助于教育培训体系紧跟时代步伐，更能够确保其培养的人才符合市场需求，具备创新能力和竞争力。通过与产业界、科技界等各方力量的深度合作，教育培训体系可以及时了解行业动态和技术发展趋势。这种合作方式打破了传统教育与行业之间的壁垒，使得教育机构能够更敏锐地捕捉到行业变化对人才需求的影响。基于这些信息，教育培训体系可以及时调整专业设置和课程内容，确保所教授的知识与技能与当前市场需求紧密相连。

（二）跨界合作为教育培训带来的实践教学资源与平台

除了确保教育与市场需求的紧密对接外，跨界合作还为教育培训体系提供了丰富的实践教学资源和创新平台。在传统的教学模式中，学生往往难以接触到真实的工作环境和项目案例，导致理论与实践之间存在一定程度的脱节。而通过校企合作、产学研一体化等跨界合作模式，学生可以深入到企业、研究机构等实际工作场景中进行学习和实践。在这种以实践为导向的教学模式中，学生不仅能够亲身感受行业的运作方式和工作流程，更能够在真实的项目案例中锻炼自己的实践能力和职业素养。这种教学方式不仅有助于培养学生的动手能力和问题解决能力，更能够激发他们的创新意识和探索精神。通过与行业内的专业人士进行合作和交流，学生可以及时了解到最新的技术进展和行业趋势，从而拓宽自己的视野和知识面。此外，跨界合作还为教育培训体系带来了更多的创新机会和资源。在数字经济时代，技术创新和产业升级日新月异，教育培训体系需要不断引入新的教学理念和技术手段来适应这种变化。通过与产业界、科技界等合作方的深入交流，教育机构可以及时获取到最新的教育资源和技术支持，从而推动教育教学的持续创新和发展。

第三节　终身学习理念在数字经济中的实践

一、终身学习与认知弹性的塑造

（一）认知弹性与终身学习的紧密结合

在数字经济环境下，信息和知识以前所未有的速度增长与更新，技术的迭代周期不断缩短。这种快速变化的环境对个体提出了更高的要求，特别是需要具备高度的认知弹性这一要求。认知弹性，简而言之，是个体在面对新情境、新问题时能够迅速调整自己的认知结构和思维方式，以适应并有效应对变化的能力。终身学习理念强调个体应持续不断地学习，不断扩展自己的认知边界，以适应不断变化的环境。这种学习与传统的阶段性学习有着本质的区别。阶段性学习往往侧重于掌握某一特定阶段或领域的知识与技能，而终身学习则更加注重个体在整个生命周期中不断学习和成长的过程。通过终身学习，个体可以不断培养和提高自己的认知弹性，从而更好地应对数字经济带来的各种挑战。在数字经济时代，新知识、新技术层出不穷，个体只有不断学习，才能跟上这快速发展的步伐。通过学习，个体可以不断拓宽自己的视野，了解更多的新事物、新观点和新方法，从而增强自己的认知弹性。同时，终身学习也强调个体要培养灵活多变的思维方式。在面对新情境、新问题时，个体要能够迅速调整自己的思维方式，从不同的角度和层面去分析和解决问题。

（二）多元化学习途径对认知弹性的增强作用

在线课程具有灵活和便捷的特点，个体可以根据自己的时间和需求来选择合适的课程进行学习。通过在线课程，个体可以接触到最前沿的知识和技术，了解最新的行业动态和发展趋势。这种学习方式不仅可以帮助个体及时更新自己的知识体系，还可以激发其创新思维和解决问题的能力。在社交媒体上，个体可以关注自己感兴趣的话题和人物，参与到各种讨论和交流中。通过与他人的互动和交流，个体可以获取到更多不同的观点和见解，从而拓宽自己的思维边界。同时，社交媒体上的信息传播速度极快，个体可以通过它及时了解到各种新闻和事件，提高自己的信息敏感度和反应能力。实践社群通常是由具有共同兴趣和目标的人组成的团体，他们通过共同实践和交流来提升自己的能力和水平。在实践社群中，个体可以接触到不同领域的人才和专家，学习到他们的经验和教训。同时，通过参与实践项目，个体可以将所学知识应用到实践中，检验其有效性和可行性。

二、终身学习与数字身份的构建

（一）数字身份构建与终身学习的内在关联

在数字经济时代，数字平台已成为个体展示自我、交流互动的重要空间，数字身份应运而生，并逐渐演化为个体在社会中的新标识。数字身份，简而言之，是个体在数字世界中的代表和映射，它集合了个体的信息、行为、观点等多重元素，是外界了解和评价个体的窗口。因此，构建积极、正面的数字身份，对于个体在数字社会中的生存和发展具有至关重要的意义。终身学习理念在这一背景下，为个体构建数字身份提供了有力的指导。它强调个体在构建数字身份的过程中，应持续不断地学习和提升自己的数字素养。数字素养，作为现代公民必备的基本素质，涵盖了信息安全意识、数据管理能力、网络道德规范等多个方面。这些素养的提升，不仅有助于个体更好地适应数字社会的生活方式，还能使其在构建数字身份的过程中更加游刃有余。具体来说，终身学习理念引导个体通过不断学习，增强自身的信息安全意识。在数字经济时代，信息安全问题层出不穷，个体稍有不慎便可能陷入信息泄露、网络诈骗等风险之中。因此，具备强烈的信息安全意识，对于保护个体的个人隐私、维护数字身份的安全至关重要。通过学习相关的信息安全知识和技能，个体可以更加敏锐地识别潜在的风险，从而采取有效的防范措施。同时，终身学习理念还鼓励个体提升自己的数据管理能力。在数字社会，数据已成为重要的资源，个体在日常生活和工作中会产生大量的数据。如何有效地管理这些数据，使其发挥最大的价值，是个体面临的重要挑战。通过学习数据管理相关的知识和技能，个体可以更加高效地整理、分析和利用自己的数据，从而为数字身份的构建提供有力的支持。

（二）终身学习在提升网络道德规范中的作用

除了信息安全意识和数据管理能力外，网络道德规范也是个体在构建数字身份过程中必须重视的方面。网络空间虽然具有虚拟性，但在其中的行为同样需要受到道德规范的约束。个体在数字平台上的言行举止，直接体现了其道德水准和价值取向，对于其数字身份的形象塑造具有重要影响。终身学习理念在这一方面发挥着不可或缺的作用，它引导个体通过学习网络道德规范，明确自己在数字社会中的责任和义务，从而规范自己的网络行为。这种学习不仅有助于个体树立正确的网络道德观念，还能使其在实际操作中更加自觉地遵守相关规范，避免因违规行为而损害自己的数字身份。进一步来说，终身学习还能帮助个体提高对网络道德问题的敏感性和判断力。在面对复杂的网络环境和多元的价值观念时，个体需要具备独立思考和明辨是非的能力。通过学习相关的理论知识和案例分析，个体可以更加深入地了解网络道德问题的本质和危害，在面对类似情境时能够作出正确的判断和选择。

三、终身学习与协同创新的推进

（一）终身学习与协同创新的理论契合

在数字经济蓬勃发展的时代背景下，开放、共享、协同的创新模式日益成为推动社会进步的重要力量。这种创新模式强调资源的整合与优化配置，鼓励不同领域、不同背景的人士共同参与，通过集思广益和优势互补来解决问题、创造价值。终身学习理念与这一创新模式在理论上天然契合，它倡导个体不断学习、不断进步，以适应不断变化的环境和需求，这与协同创新所强调的灵活性、开放性和多元性不谋而合。终身学习理念鼓励个体积极参与协同创新过程，通过跨领域学习来拓宽知识视野，提升解决问题的能力。在数字经济时代，问题的复杂性和多样性要求个体具备跨学科、跨领域的知识和技能，以便更好地应对挑战、把握机遇。终身学习理念正是以此为出发点，引导个体不断突破自我，勇于尝试新事物，从而在协同创新中发挥更大的作用。此外，终身学习还强调团队协作的重要性。在协同创新过程中，团队合作是必不可少的环节。个体通过与他人协作，可以与他人相互学习、相互启发，共同攻克难题。终身学习理念注重培养个体的团队协作能力，使其在协同创新中能够更好地融入团队，发挥个人优势，为团队的成功贡献力量。

（二）数字平台对协同创新的支撑作用

在实践中，数字平台如开源社区、创新实验室等为协同创新提供了强大的支撑，这些平台汇聚了众多志同道合的人，他们来自不同的领域和背景，拥有丰富的知识和技能。在这样的平台上，个体可以轻松地找到志同道合的合作伙伴，与其共同开展创新项目。数字平台为个体提供了展示才华、交流思想的舞台。通过平台上的讨论区、论坛等功能，个体可以分享自己的见解和经验，与他人进行深入的交流和探讨。这种互动不仅可以激发个体的创新思维，还能帮助其不断完善和优化自己的想法。同时，数字平台还为个体提供了丰富的资源和工具，如代码库、设计软件等，使其能够更加高效地开展创新工作。更为重要的是，数字平台为创新成果的转化和应用提供了有力支持。在平台上，个体可以将自己的创新成果进行展示和推广，吸引更多的关注和支持。通过与其他企业、机构的合作，个体可以将创新成果转化为实际的产品或服务，为社会带来实实在在的价值。这种转化过程不仅有助于实现个体的创新价值，还能推动整个社会的创新和进步。

四、终身学习与自我实现的追求

（一）终身学习与自我实现的内在逻辑

数字技术的普及和应用，极大地降低了信息获取和资源配置的门槛，使得每个人都有可能通过自身的努力和持续学习，实现自己的梦想和追求。在这一背景下，终身学习理念的重要性愈加凸显，它不仅是个体适应社会发展的必然要求，更是个体实现自我价值的关键途径。终身学习理念鼓励个体不断挖掘自身潜能，通过持续学习来充实大脑、提升能力，进而在职业生涯和日常生活中取得更好的成绩。这种学习理念强调的是自我驱动、自我进化的过程，它要求个体始终保持对知识的渴望和对成长的追求，以便在不断变化的环境中保持竞争力。更为重要的是，终身学习理念将自我实现作为学习的终极目标。自我实现，简而言之，就是个体通过不断努力和追求，实现自身潜能的最大化，从而对生活充满满足感和幸福感。在数字经济时代，这种自我实现不仅体现在职业发展的成功上，如晋升、加薪或创业成功等，更体现在个体对生活的丰富体验和深刻感悟上。通过学习，个体可以更加深入地了解自己的内心世界，明确自己的价值观和人生目标，从而过上更加充实和有意义的生活。

（二）定制化学习路径与自我实现导向的实践探索

在实践中，个体要实现终身学习并走向自我实现，必须找到适合自己的学习路径。数字经济为个体提供了丰富的学习资源和多样化的学习方式，使得定制学习路径成为可能。个体可以根据自己的兴趣、特长和目标，选择适合自己的学习内容和方式，从而更加高效地实现自我提升。这种以自我实现为导向的学习方式，要求个体在学习过程中始终保持主动性和创造性。主动性体现在个体能够根据自己的需求和兴趣，主动寻找和筛选学习资源，制订合理的学习计划；创造性则体现在个体能够在学习过程中不断尝试新的方法和思路，勇于挑战自我，实现知识的创新和应用。通过定制化的学习路径，个体可以在数字经济时代找到属于自己的发展道路。这条道路可能是对某一特定领域的深入研究，也可能是跨领域的综合应用；可能是职业技能的提升，也可能是生活技能的学习。无论选择何种路径，关键在于个体能够从中找到乐趣和成就感，从而持续不断地投入时间和精力。此外，个体在定制学习路径的过程中，还需要注重学习的质量和效果。这就要求个体不仅要关注学习资源的数量和种类，更要关注学习资源的质量和自身的吸收情况。通过定期的学习反思和总结，个体可以及时调整自己的学习策略和方法，以便更加高效地实现自我提升和自我实现。

第四节　职业教育与培训在数字经济中的作用

一、促进个体技能升级与职业转型

（一）培育数字化专业人才

1. 数字经济下人才需求的专业化与技能化特点

数字经济对专业化人才的需求，主要体现在对特定领域知识和技术的深入掌握上。例如，在大数据分析领域，数据分析师不仅需要具备扎实的统计学基础，还需熟练运用各种数据分析软件和工具，以便从海量数据中提取有价值的信息。同样，在网络安全领域，网络安全专家也需具备扎实的网络安全理论知识，以及应对各种威胁网络安全的实战技能。与此同时，数字经济对技能化人才的需求也愈加突出。这里的技能化不仅指具体的操作技能，更包括解决问题的能力、创新思维的运用以及团队协作的精神等。数字经济环境下的工作，往往要求从业人员能够快速适应变化，灵活应对各种挑战，这就需要他们具备全面的技能素养。

2. 职业教育与培训在培育数字化专业人才中的作用

通过提供针对性强的课程和实践机会，职业教育与培训能够有效地培育出具备数字技能的专业人才，从而满足数字经济对特定技能的需求。职业教育与培训在课程设置上紧跟数字经济发展的步伐，及时将最新的技术和知识纳入教学内容。这不仅保证了学生获取知识的及时性，也使他们能够在学习过程中不断接触到行业前沿的动态，从而培养出对数字经济的敏锐洞察力和快速适应能力。除了理论教学外，职业教育与培训还注重实践能力的培养。通过与企业合作开展实习实训、组织参与项目实践等方式，使学生能够在真实的工作环境中运用所学知识，提升实际操作技能。这种以实践为导向的教学模式，不仅增强了学生的动手能力，也为他们未来在数字经济领域的职业发展奠定了坚实基础。

（二）助力传统行业从业者技能更新

1. 传统行业转型升级与职业教育培训的契合性

随着数字技术的不断普及和深入应用，传统行业正面临着前所未有的转型升级压力，这种压力不仅来自技术层面的革新，更源自市场需求的深刻变化。在这样的大背景下，职业教育与培训显得尤为重要，它们为传统行业从业者提供了一个技能更新和再培训的重要平台，有助于从业者更好地适应行业变革，实现职业的顺利转型。具体而言，职业教育与培训在课程设置上充分考虑了传统行业转型升级的实际需求。通过深入分析行业发展趋势和市场需求，教育机构能够设计出既符合当前技术发展水平，又能满足未来市场需求的教学内容和课程体系。这些课程不仅涵盖了数字技术的基础知识，还包括了与传统行业紧密结合的实操技能，从而确保从业者在接受培训后能够迅速将所学应用于实际工作中。

2. 职业教育培训助力传统行业从业者职业转型

面对数字化浪潮的冲击，许多传统行业的从业者往往感到无所适从，他们原有的技能和知识体系难以应对新的工作挑战。而职业教育与培训则为他们提供了一条有效的学习路径，帮助他们逐步掌握数字化工具和方法，提升自身在数字化环境下的工作能力。这种助力不仅体现在技能层面的提升上，更包括职业心态和观念的转变。职业教育与培训注重培养从业者的创新意识和开放思维，鼓励他们勇于尝试新事物、接受新挑战。通过这种教育引导，传统行业从业者能够逐渐摒弃固有的思维定式和工作习惯，以更加积极的心态拥抱行业变革，实现自我价值的最大化。同时，职业教育与培训还通过与企业、行业组织的紧密合作，为从业者提供了更多的实践机会和职业发展资源。这种合作模式不仅有助于教育机构及时了解行业动态和人才需求，从而调整教学策略和方向；还能为从业者搭建起一个更加广阔的职业发展平台，帮助他们拓展人脉资源、提升职业竞争力。

二、推动产业结构优化与创新发展

（一）对接产业发展需求，优化人才供给

1. 职业教育培训与产业界的动态对接机制

职业教育与培训作为人才培养体系的重要组成部分，其核心使命是为产业发展提供合格的人才支持。为实现这一使命，职业教育与培训机构必须与产业界保持紧密的合作关系，以便及时了解产业发展的最新动态和人才需求变化。这种动态对接机制是确保教育内容与产业发展同步更新的关键。通过与产业界的定期沟通、共同开展研究项目以及共建实训基地等方式，职业教育与培训能够深入了解当前产业的发展趋势、技术革新点以及未来可能存在的人才缺口。基于这些信息，教育机构可以及时调整课程设置，更新教学内容，确保所培养人才的知识结构和技能水平符合产业发展的实际需求。

2. 精准人才供给与人力资源配置效率的提升

职业教育与培训通过与产业界的紧密合作，不仅实现了教育内容的动态

更新，更重要的是为产业界提供了精准的人才供给。这种精准性体现在教育机构能够根据产业的具体需求，定制化地培养具备相应专业技能和综合素质的人才。在传统的教育模式下，由于教育机构与产业界之间缺乏有效的沟通机制，往往导致所培养人才与市场需求之间存在较大的偏差。而通过职业教育与培训与产业界的紧密合作，这种偏差得到了有效改善，使得更多的人才能够找到与其技能相匹配的工作岗位。进一步看，精准人才供给还有助于提高人力资源的配置效率。在数字经济时代，人力资源的配置效率直接关系到产业发展的速度和质量。通过职业教育与培训为产业提供精准的人才支持，可以确保宝贵的人力资源得到最有效的利用，从而推动整个产业的高效、健康发展。

（二）激发创新活力，促进科技成果转化

1. 职业教育与培训的实践性与创新性教学理念

职业教育与培训相较于传统学历教育，更加注重教学的实践性和创新性，这种教学理念旨在通过实际操作与实践活动，使学生能够直观地理解和掌握专业知识与技能，同时在学习过程中不断培养创新意识和实践能力。实践性教学不仅要求学生动手操作，还鼓励学生进入真实的工作环境，解决实际问题，从而深刻体验知识应用的实际价值。创新性教学则侧重于激发学生的创造性思维，通过探究式学习、项目式实践等方式，引导学生自主发现问题、分析问题并寻求解决方案。在这种教学理念的指导下，职业教育与培训机构通常会设计一系列综合性实践课程和创新实验项目。这些课程和项目紧密结合行业发展的最新趋势和技术要求，旨在培养学生的实际操作能力、问题解决能力以及团队协作能力。通过参与这些实践活动，学生不仅能够巩固和深化理论知识，还能在实际操作中不断提升自己的职业素养和综合能力。

2. 职业教育与培训在推动产业创新发展中的作用

职业教育与培训的实践性和创新性教学模式，对于激发学生和教师的创新活力具有重要意义，在这种教育环境中，学生和教师被鼓励积极探索未知领域，勇于尝试新的方法和思路。这种探索精神不仅有助于培养学生的创新

思维，还能促进教师不断更新教学方法和手段，以适应不断变化的教学需求。进一步看，职业教育与培训的这种教育模式在促进科技成果转化和应用方面也发挥着重要作用。通过与产业界的紧密合作，教育机构能够及时了解产业发展的技术需求和市场趋势，从而引导学生和教师将科研成果转化为实际应用。这种转化不仅有助于提升产业的技术水平和竞争力，还能为学生提供更多的实践机会和更大的职业发展平台。

三、增强社会就业弹性与稳定性

（一）数字经济时代就业市场的变化与职业流动性的增强

随着技术的不断进步和新兴产业的崛起，传统行业格局被打破，新的职业岗位层出不穷。这种变化不仅改变了传统行业的运营模式，也对就业者的职业能力和市场适应性提出了更高的要求。与此同时，职业流动性增强成为就业市场的一个显著特征。就业者不再局限于某一特定领域或岗位，而是需要不断适应市场变化，跨领域、跨行业进行职业转换。这种就业市场的变化和职业流动性的增强，对职业教育与培训提出了新的挑战和带来了机遇。职业教育与培训需要紧密关注市场动态，及时调整教育内容和培训方式，以满足就业者不断提升自身能力和适应市场变化的需求。

（二）职业教育与培训在提升就业者市场适应性中的作用

面对数字经济时代就业市场中的挑战，职业教育与培训在提供灵活多样的学习路径和职业资格认证方面，发挥着至关重要的作用。传统的教育模式往往按照固定的课程体系和教学计划进行，难以满足就业者个性化的学习需求和快速变化的市场环境。而职业教育与培训则更加注重学习的灵活性和实用性，通过在线课程、模块化教学、项目式实践等多种方式，为就业者提供了更加便捷、高效的学习体验。这种灵活多样的学习路径不仅有助于就业者根据自身情况选择合适的学习方式和保持合理的进度，还能使他们在学习过程中不断接触新知识、新技能，从而保持与市场需求的同步更新。在数字经济时代，职业资格认证成为衡量就业者专业能力和市场价值的重要依据。职业教育与培训机构通过与行业组织、企业等合作，共同开发具有行业认可度的职业资格认证标准，为就业者提供了更加明确、有针对性的学习目标。获得这些职业资格认证，就业者不仅能够证明自己在某一领域的专业能力和实践经验，还能在求职过程中脱颖而出，获得更多优质的工作机会。

四、促进社会公平与包容性增长

（一）增加弱势群体的发展机会

1. 职业教育与培训在就业援助中的针对性作用

职业教育与培训在行政部门和社会组织开展的就业援助工作中，展现出了显著的针对性。面对经济结构调整所带来的结构性失业问题，传统的就业援助方式往往难以直接解决失业人员技能与市场需求不匹配的根本矛盾。而职业教育与培训则能够针对这一问题，提供具体且有效的解决方案。通过深入分析当前就业市场的动态和未来发展趋势，职业教育与培训机构能够设计出与市场需求紧密对接的培训课程。这些课程不仅涵盖了新兴行业所需的基础知识和技能，还包括了职业素养、择业指导等综合性内容，旨在帮助失业人员全面提升自身的就业竞争力。这种针对性的培训方式，能够确保失业人员在接受援助后，迅速掌握新技能、新职业，从而更好地适应市场变化，实现再就业。

2. 职业教育与培训对缓解结构性失业问题的贡献

职业教育与培训在缓解因经济结构调整而带来的结构性失业问题方面，作出了积极的贡献。首先，通过提供与市场需求相匹配的培训课程，职业教育与培训成功地帮助了大量失业人员实现了技能更新和职业转型。这些经过培训的失业人员，不仅提升了自身的就业能力，还为相关行业的发展注入了新的活力。其次，职业教育与培训还通过与行政部门、企业以及社会组织的紧密合作，共同构建了一个多元化的就业援助体系。在这个体系中，各方资源得到了有效整合和利用，为失业人员提供了更加全面、高效的就业服务。

这种合作模式不仅增强了就业援助工作的整体效能，还促进了社会的和谐稳定与经济的持续发展。此外，职业教育与培训还注重培养失业人员的自主择业能力和创新创业精神。通过提供职业规划指导、创业培训等服务，职业教育与培训帮助失业人员树立了正确的就业观念，激发了他们的创业热情。这种以人为本的培训理念，不仅有助于提升失业人员的个人价值感和生活幸福感，还为社会的创新发展和人才储备奠定了坚实基础。

（二）推动区域均衡发展

1. 职业教育与培训在数字经济背景下的区域布局意义

在数字经济迅猛发展的背景下，职业教育与培训的战略地位日益凸显，特别是在推动区域均衡发展方面，其扮演的角色愈加重要。数字经济的兴起不仅改变了传统经济格局，也对人才培养提出了新的要求。职业教育与培训作为紧密连接教育与产业、学校与企业的桥梁，其区域布局的合理性直接关系到人才培养的质量与区域经济的发展。通过在不同地区科学布局职业教育资源，能够确保教育资源的均衡分配，避免部分地区因资源匮乏导致经济发展被制约。这种布局不仅有助于满足各地区产业发展的多样化人才需求，还能够促进教育公平，使更多地区的学生有机会接受高质量的职业教育与培训。

2. 结合产业发展需求的职业教育与培训对区域经济协调发展的推动作用

在数字经济时代，各地区的产业发展呈现出多元化、特色化的趋势，职业教育与培训必须与当地的产业发展需求紧密结合，量身定制人才培养方案。通过与当地企业、行业协会等深度合作，职业教育与培训机构可以及时了解产业发展的最新动态和技术需求，从而调整教学内容和培训方式，确保所培养人才具备从事相关产业所需的专业技能和综合素质。这种与产业紧密结合的教育模式，不仅提高了人才培养的针对性和实效性，也为区域经济的协调发展注入了源源不断的动力。同时，职业教育与培训还能够促进区域间的交流与合作。通过搭建跨区域的教育合作平台，推动不同地区间的教育资源共享和优势互补，可以进一步提升整个区域的教育水平和经济实力。这种跨区域的合作模式，有助于打破地域限制，实现更大范围的资源优化配置和协同发展。

第五节　高等教育与数字经济的融合发展趋势

一、教学模式的数字化革新

（一）混合式教学模式的兴起与影响

传统的面对面授课模式，虽然具有其独特的互动性和即时反馈优势，但在时间和空间的灵活性方面存在明显障碍。为了克服这些障碍，并满足新时代学生的学习需求，混合式教学模式应运而生。混合式教学模式，即将传统的面对面授课与在线教学相结合，充分利用数字技术带来的便利，打破了传统课堂的时空束缚。通过数字化教学平台，学生不仅可以随时随地得到丰富多样的学习资源，还能根据个人的学习进度和兴趣进行自主学习。这种模式的出现，不仅为学生提供了更为灵活和个性化的学习路径，还极大地提升了学生的学习效果和学习体验。在混合式教学模式下，教师的角色也发生了转变。他们不再仅仅是知识的传授者，而是成为学生学习过程中的引导者和支持者。教师可以通过数字化教学平台，实时监控学生的学习进度，提供针对性的指导和反馈。同时，学生也可以通过平台与教师进行即时的互动和交流，解决学习中遇到的问题。这种互动性和即时性的增强，使得学习变得更加高效和有趣。此外，混合式教学模式还为高等教育机构提供了更为丰富的教学资源和教学手段。通过引入多媒体、动画、模拟实验等数字化教学资源，教师可以更生动、形象地展示教学内容，提高学生的学习兴趣和积极性。同时，利用大数据和人工智能技术，高等教育机构还可以对学生的学习行为进行分析和预测，为他们提供更为精准和个性化的学习支持。

（二）虚拟现实与增强现实技术在高等教育中的应用与影响

在数字技术的推动下，虚拟现实和增强现实等先进技术也逐渐被引入到高等教育中，为教学带来了革命性的变化。这些技术通过模拟真实的环境和场景，为学生提供了沉浸式的虚拟实践环境，使得学习变得更加直观、生动和有趣。虚拟现实技术的应用，使得高等教育能够突破物理空间的限制。通过佩戴 VR 设备，学生可以进入到一个由数字技术构建的虚拟世界中，进行各种实践操作和模拟实验。这种教学方式不仅增强了学生的实践能力和问题解决能力，还为他们提供了一个安全、可控的实践环境。例如，在医学教育中，学生可以通过 VR 技术进行模拟手术操作，提高手术技能和应变能力；在工程教育中，学生可以通过 VR 技术模拟复杂的工程场景，进行工程设计和优化等实践操作。与虚拟现实技术相比，增强现实技术则更加注重与现实世界的交互和融合。通过 AR 技术，学生可以在现实世界中看到虚拟的信息和图像，从而更加直观地理解和掌握相关知识。例如，在建筑教育中，教师可以通过 AR 技术展示建筑物的三维模型和内部结构，帮助学生更好地理解建筑设计和构造原理；在艺术教育中，教师可以通过 AR 技术展示艺术作品的创作过程和细节表现，提高学生的艺术鉴赏能力和创作水平。虚拟现实与增强现实技术的引入，不仅为高等教育带来了创新型教学方式和学习体验，还为培养数字经济所需的高素质人才奠定了坚实基础。这些技术不仅能够提升学生的实践能力和问题解决能力，还能够培养他们的创新思维和团队协作能力。

二、课程内容的数字化重塑

（一）课程内容更新与数字技能培养

为了适应市场的新需求并培养出符合时代要求的人才，高等教育机构必须不断更新和重塑课程内容，将数字技术的最新动态融入课程设计和教学中。这一变革不仅关乎高等教育的教学质量，更直接影响着未来社会的经济发展和人才竞争格局。课程内容的更新是数字经济发展的必然要求。随着大数据、云计算、人工智能等技术的普及，传统的知识体系已经难以满足当今社会的需求。因此，高等教育机构需要密切关注数字技术的最新进展，及时调整课程设置，确保学生能够接触到最前沿、最实用的知识和技能。例如，数据分析已经成为许多行业不可或缺的技能，高等教育机构应将数据分析课程纳入专业课程体系，培养学生运用数据解决问题的能力。其次，数字技能的培养是高等教育的重要任务。在数字经济时代，掌握数字技能已经成为个人职业发展的关键要素。高等教育机构应重视对学生数字技能的培养，通过开设相关课程和实践项目，提升学生的数字素养和实践能力。以人工智能为例，高等教育机构可以开设人工智能原理、机器学习等课程，同时结合实际应用场景，开展人工智能实践项目，让学生在实践中深化对人工智能技术的理解和应用。

（二）跨学科课程整合与复合型人才培养

跨学科课程的整合有助于打破传统学科之间的壁垒，促进不同领域知识和技能的融合。通过整合不同学科的资源和优势，高等教育机构可以构建更为完善、多元的知识体系，为学生提供更为丰富、全面的学习体验。这种整合不仅有助于拓宽学生的知识视野，还能够培养他们的创新思维和解决问题的能力。在跨学科课程的整合过程中，高等教育机构需要注重课程设计的系统性和实践性。一方面，要确保不同学科之间的知识点能够有机衔接，形成连贯、完整的课程体系；另一方面，要结合实际应用场景中的问题，设计具有实践性和挑战性的课程项目，让学生在实践中掌握跨学科的知识和技能。通过跨学科课程的整合与复合型人才的培养，高等教育机构可以更好地适应数字经济时代的发展需求。复合型人才不仅具备扎实的专业技术知识基础，还拥有广阔的知识背景和较强的适应能力，能够在复杂多变的市场环境中脱颖而出，为数字经济的持续发展注入新的活力。

三、产学研用一体化的深度融合

（一）产学研用一体化深度融合的价值与影响

在数字经济蓬勃发展的时代背景下，高等教育机构与企业之间的合作不再局限于传统的知识传授或技能培养，而是深入到产学研用一体化的层面，实现了双方资源的优势互补和共同创新。通过这一深度融合模式，高等教育机构与企业能够共同研发新技术、新产品，从而有力推动科技成果的转化和应用，为社会的科技进步和产业升级贡献重要力量。产学研用一体化的深度融合，首先体现在对高等教育机构科研水平和创新能力的提升上。在这一过程中，高等教育机构能够充分利用企业的市场敏感度和资金实力，结合自身的科研优势，共同开展前沿科技的研究与开发。这种合作模式不仅为高等教育机构提供了更为广阔的科研平台和更多的实践机会，还有助于其科研成果的商业化应用，从而实现了科研价值的最大化。同时，这一深度融合模式也为企业带来了显著的发展机遇。企业通过与高等教育机构的紧密合作，能够及时获取到最新的科研成果和技术支持，从而提升自身的技术创新能力和市场竞争力。此外，高等教育机构培养的高素质人才也为企业提供了源源不断的人才储备，为其持续发展和产业升级提供了有力的人才保障。

（二）校企协同育人对数字经济时代人才培养的意义

在数字经济时代，市场对人才的要求日益多元化和高端化，高等教育机构需要不断创新人才培养模式，而校企协同育人正是其中一个重要途径。通过与企业合作开展实践教学和实习实训等活动，高等教育机构能够让学生在真实的工作环境中积累实践经验，提升其职业素养和综合能力，从而更好地满足数字经济时代对高素质人才的需求。校企协同育人的核心在于将理论与实践相结合，让学生在掌握理论知识的同时，通过实践活动加深对知识的理解并更好地应用。这种育人方式不仅能够提升学生的实践能力和解决问题的能力，还有助于培养他们的团队合作精神和创新意识。在数字经济时代，这些能力和素质对于人才的个人发展和职业成功具有至关重要的意义。此外，校企协同育人还能够促进高等教育机构与企业的深度互动和良性循环。在这一过程中，高等教育机构能够及时了解企业的用人需求和市场动态，从而调整和优化自身的专业设置和人才培养方案。同时，企业也能够通过参与人才培养过程，提升自身的社会责任感和品牌影响力，为后续的招聘和人才储备奠定坚实基础。

四、数字化赋能教育公平与普及

（一）数字技术推动高等教育公平性的提升

传统的高等教育模式往往受限于地理位置、教学资源分配不均等因素，导致部分地区和群体难以获得优质的教育机会。然而，数字技术的出现打破了这一局面，为高等教育实现更广泛的覆盖和公平性提供了新的可能。通过共享和传播数字化教育资源，高等教育机构能够将优质的教育资源扩展到更广泛的受众群体中。无论是城市还是偏远地区的学生，只要具备基本的网络接入条件，就能够接触到丰富多样的高等教育资源。这种资源的共享性不仅有效地缓解了地区间教育资源分配不均的问题，还为那些原本难以获得高等教育机会的学生提供了平等的学习和发展机会。借助在线课程、远程教学等数字化教育手段，学生可以根据自己的实际情况和学习需求进行自主学习，不再受限于固定的学习时间和地点。这种灵活性的提升不仅有助于满足不同学生的学习需求，还能够激发他们的学习积极性和自主性，从而进一步提升高等教育的质量和效果。

（二）数字技术助力高等教育普及与数字经济的可持续发展

数字技术的普及和应用不仅为高等教育的普及提供了有力支持，同时也为数字经济的长远发展奠定了坚实基础。一方面，通过数字技术的推动，高等教育的普及程度得到了显著加深。越来越多的学生有机会接受高等教育，这不仅提升了国民的整体素质水平，还为数字经济的发展提供了源源不断的人才支持。这些具备高素质和专业技能的人才在数字经济的各个领域发挥着重要作用，推动着数字技术的不断创新和应用。另一方面，高等教育的普及也反过来促进了数字技术的广泛应用和深入发展。随着越来越多的学生掌握数字技能并投入到数字经济的相关领域中，数字技术的应用范围不断得到拓展，对社会经济发展的影响力也日益增强。这种良性循环不仅有助于提升数字经济的整体竞争力，还能够推动其实现可持续性更强的发展。

第六节　提升劳动力素质的建议与措施

一、加强基础教育与职业培训

（一）基础教育：优化资源分配，提高教育质量

在需要提升劳动力素质的大背景下，必须重新审视并优化基础教育的实施策略。首要任务的是教育资源分配问题，教育资源的不均衡分配是当前教育领域面临的一大挑战。行政部门和教育部门应致力于实现教育资源的均衡，确保各地区、各学校之间的教育资源相对平等，从而缩小教育差距，为每一个孩子提供公平的教育机会。提高教育质量是另一个关键问题。教育质量的提升不仅仅依赖于优秀的教材和先进的教学设备，更取决于教师队伍的素质和教学方法的创新。因此，需要加强对教师的培训和考核，确保他们具备专业的教学能力和持续自我提升的动力。同时，鼓励教学方法的创新，从传统的填鸭式教学向更有互动性、实践的教学方式转变，以激发学生的学习兴趣和创新能力。通过优化教育资源分配和提高教育质量，可以确保每一个孩子都能接受到全面、系统的基础教育，这不仅关乎他们个人的未来发展，更是对提升整个社会劳动力素质的长远投资。

（二）职业培训：注重实用性和前瞻性，加强校企合作

与基础教育不同，职业培训更加注重实用性和针对性，旨在帮助劳动者快速适应市场需求，提高其专业技能和工作效率。因此，职业培训的内容和方式必须紧密结合行业发展趋势和市场需求，不断调整和优化。实用性是职业培训的核心要义。培训内容应聚焦于实际工作中所需的知识和技能，避免理论与实践脱节。同时，前瞻性也是不可或缺的，培训内容应包括预见行业未来的发展方向，使劳动者具备应对未来挑战的能力。为实现这一目标，加强校企合作显得尤为重要。企业应积极参与职业培训的过程，提供实践机会

和行业动态反馈，使培训更加贴近实际工作环境。同时，学校和教育机构也应主动与企业对接，了解企业需求，定制个性化的培训方案。通过这种深度合作，可以促进产学研用一体化，使教育更加符合市场需求，从而培养出更多高素质、高技能的劳动力。

二、倡导终身学习理念

（一）构建多元化继续教育体系，倡导终身学习理念

在知识经济迅猛发展的时代背景下，终身学习理念日益深入人心，成为提升劳动力素质的关键途径。这一理念倡导个体在职业生涯中要持续学习、不断进步，以动态适应社会经济和技术的飞速变革。继续教育体系应涵盖多种教育形式，以满足不同劳动者的个性化学习需求。在线课程以其灵活性和便捷性受到广泛关注，劳动者可根据自身时间安排和学习进度进行学习，有效突破了时间和空间的限制。社区教育则为居民提供了更加贴近生活的学习机会，通过举办各类讲座、工作坊等活动，增加居民的知识和技能。职业培训则更侧重于提升劳动者的专业技能，帮助其更好地胜任工作岗位，提高工作效率。在构建继续教育体系时，应注重课程的实用性和前瞻性。课程内容应紧密结合行业发展动态和市场需求，确保学生能够学以致用。同时，教育形式也应不断创新，引入互动式、体验式等教学方法，提高学生的参与度和学习效果。

（二）建立学习成果认证与激励机制，激发持续学习动力

为推动终身学习理念的深入实施，除建立完善的继续教育体系外，还需建立相应的学习成果认证和激励机制。这一机制旨在认可劳动者的非正式学习成果，如在线课程证书、社区教育结业证等，从而增强其学习成就感，激发其持续学习的动力。学习成果认证不仅有助于提升劳动者的自信心和职业竞争力，还能为其职业发展提供更多机会。通过认证的学习成果可在求职、晋升等关键时刻作为有力证明，展现劳动者的专业素养和综合能力。此外，

认证机制还有助于规范继续教育市场，提高教育质量，确保学生获得真实有效的学习成果。在建立激励机制方面，行政部门和社会应共同努力，为劳动者提供多样化的奖励措施。例如，可设立学习奖学金、制定学习积分兑换等制度，鼓励劳动者积极参与各类学习活动。同时，企业也可将学习成果与薪资待遇、晋升机会等挂钩，进一步激发员工的学习热情。

三、促进创新驱动与技能升级

（一）创新驱动发展战略下的劳动者创新意识与能力提升

创新不仅是推动经济社会持续发展的核心动力，也是提升劳动力素质、增强国家竞争力的重要途径。因此，必须从政策扶持、资金支持等多维度出发，为劳动者构建一个有利于创新创业的优质环境。政策扶持方面，行政部门应制定并实施一系列鼓励创新创业的制度措施。这包括但不限于税收优惠、创业补贴、创新项目资助等，以减轻劳动者在创新创业过程中的经济压力，降低其创新创业风险。同时，行政部门还应建立健全创新创业服务体系，提供项目孵化、市场对接、法律咨询等全方位支持，帮助劳动者将创新想法转化为实际成果。资金支持方面，应建立多渠道、多元化的创新创业资金支持体系。这包括行政部门设立的创新创业基金、风险投资机构提供的资金支持，以及社会资本的广泛参与等。通过为劳动者提供充足的资金支持，可以有效激发其创新创业热情，推动更多创新项目的落地实施。

（二）技术进步与产业升级背景下的劳动者技能更新与提升

随着科技的不断进步和产业的持续升级，劳动力技能的需求也在发生深刻变化，为适应这一趋势，劳动者必须不断更新其技能体系，提升自身在新技术、新产业领域的适应能力。因此，建立完善的技能培训和评价体系显得至关重要。在技能培训方面，应注重培训的实用性和前瞻性。培训内容应紧密结合当前及未来一段时间内技术和产业的发展趋势，确保劳动者所学技能能够满足市场需求。同时，培训方式也应灵活多样，包括在线教育、实地操作、企业实习等，以便劳动者根据自身情况选择合适的学习方式。在技能评价方面，应建立科学、客观、公正的评价体系。这包括对劳动者技能水平的定期评估、技能证书的认证与发放等。通过技能评价，可以准确掌握劳动者的技能状况，为其提供有针对性的培训建议，同时也为用人单位提供可靠的选材依据。

四、优化劳动力市场结构

（一）深化劳动力市场改革，促进劳动力自由流动与合理配置

优化劳动力市场结构作为提升劳动力素质的重要保障，其核心在于通过深化改革，打破固有的行业壁垒和地域限制。这一改革举措旨在构建一个更加开放、灵活的劳动力市场，从而促进劳动力的自由流动和合理配置。这不仅能够显著提高劳动力的使用效率，更有助于充分发挥每一个劳动者的潜能和价值。为实现这一目标，需要从多个方面入手。首先，应着力打破行业间的壁垒和传统行业对劳动力的束缚，使劳动者能够根据自身兴趣和能力跨行业流动。这将有助于激发劳动者的创新活力，推动各行业的融合发展。其次，打破地域限制也至关重要。通过推动城乡一体化、区域协调发展等战略，可以引导劳动力在不同地区间有序流动，从而优化人力资源的地理分布，促进各地区经济的均衡发展。在促进劳动力自由流动的同时，还应注重劳动力的合理配置。这要求相关部门建立一个完善的劳动力市场信息系统，实时收集和发布劳动力供需信息，为劳动者和用人单位提供准确、及时的匹配服务。此外，加强职业教育和培训也是实现劳动力合理配置的关键环节。通过提高劳动者的职业技能和素质，使其可以更好地满足市场需求，推动劳动力市场的供需平衡。

（二）加强劳动者权益保护与社会保障体系建设

在优化劳动力市场结构的过程中，必须始终关注劳动者的权益保护和社会保障问题，这是确保劳动力市场健康发展、提升劳动力素质的重要基础。

加强劳动者权益保护，首要任务是完善相关法律法规和制度措施。应建立健全劳动法律法规体系，明确劳动者的基本权利和义务，规范用人单位的行为。同时，加大执法力度，确保法律法规得到有效执行，切实维护劳动者的合法权益。此外，还应积极推动劳动关系的和谐稳定，倡导企业建立以人为本的管理理念，提高劳动者的工作积极性和满意度。在社会保障体系建设方面，应致力于构建一个覆盖广泛、保障有力的社会保障网络。这包括完善养老保险、医疗保险、失业保险等基本保险制度，确保劳动者在面临风险时能够得到及时有效的帮助。同时，还应关注特殊群体的保障问题，如农民工、灵活就业人员等，制定针对性的制度措施，为其提供必要的生活支持和发展机会。通过加强劳动者权益保护和社会保障体系建设，可以为劳动者创造一个更加公平、安全的工作环境，从而激发其提升自身素质的积极性和动力。

参考文献

［1］ 毛丰付，娄朝晖. 数字经济技术驱动与产业发展［M］. 杭州：浙江工商
大学出版社，2021.

［2］ 申雅琛. 数字经济理论与实践［M］. 长春：吉林人民出版社，2022.

［3］ 王世渝. 数字经济驱动的全球化［M］. 北京：中国民主法制出版
社，2021.

［4］ 唐晓乐，刘欢，詹璐遥. 数字经济与创新管理实务研究［M］. 长春：吉
林人民出版社，2021.

［5］ 纪雯雯. 数字经济下的新就业与劳动关系变化［M］. 北京：社会科学文
献出版社，2019.

［6］ 喻艳. 数字经济时代高校毕业生灵活就业相关问题研究［M］. 北京：中
国纺织出版社，2023.

［7］ 曾显荣，涂书涛. 数字经济时代资本有机构成新变化与就业新格局［M］.
成都：西南财经大学出版社，2023.

［8］ 陈煜波，马晔风. 数字化转型数字人才与中国数字经济发展［M］. 北京：
中国社会科学出版社，2021.

［9］ 舒联众. 智媒传播环境下的劳动力就业与人口转移研究［M］. 北京：九
州出版社，2021.

［10］ 韩胜娟. 中国劳动力就业结构动态调整研究［M］. 北京：知识产权出版
社，2015.

［11］税梦娇. 平台类型化的反垄断数字税法规则构造［J］. 法学评论，2024，42（4）：160-170.

［12］张化冰，雷津皓. 中国数字平台治理的逻辑建构与路径［J］. 苏州大学学报（社会科学版），2024，45（4）：152-161.

［13］徐志花. 数字经济对劳动力要素的影响效应分析［J］. 河北企业，2024（6）：46-48.

［14］郭露，王峰."增量"是否"提质"：数字经济对灵活就业质量的影响［J］. 财经科学，2024（3）：118-133.

［15］刘传雷. 以数字经济推动就业市场创新改革［J］. 宏观经济管理，2024（2）：77-82，92.

［16］郝楠，宋洋洋. 数字经济、产业结构与劳动力结构优化［J］. 长春大学学报，2024，34（5）：22-32.

［17］王衡. 数字经济对中国劳动力市场的影响［J］. 山东工会论坛，2024，30（2）：90-99.

［18］马兆良，许梦婷. 数字经济对制造业就业结构的影响［J］. 青海师范大学学报（自然科学版），2024，40（1）：53-63.

［19］梁牧，刘富华. 数字经济发展的就业效应及其作用路径［J］. 统计与决策，2023，39（20）：29-34.

［20］琚琼，杜岩岩. 数字经济对就业质量的影响研究［J］. 劳动经济评论，2024，17（1）：80-98.

［21］金向鑫. 人工智能对就业的影响及路径研究［J］. 商业经济，2024（10）：149-152.

［22］孙业. 构建多元化保障体系　守护新业态灵活就业人员权益［J］. 四川劳动保障，2024（9）：9-10.

［23］冯慧娟，李渺. 基于行为经济学视角的数字平台监管演化博弈研究［J］. 时代经贸，2024，21（9）：129-131.

［24］钱贵明，阳镇，陈劲. 数字平台视角下新质生产力的形成机制与推进策略［J］. 西安交通大学学报（社会科学版），2024，44（5）：15-26.

［25］罗俊池. 新就业形态下灵活就业群体的权益保障策略分析［J］. 公关世界，2024（20）：70-72.

［26］许艺. 基于数字经济时代服务业促进社会就业问题的研究［J］. 就业与保障，2024（8）：100-102.

［27］陈媛. 数字经济赋能服务业高质量发展研究［J］. 现代营销（上旬刊），2024（8）：120-122.

［28］方茜，徐莹莹. 新质生产力促进劳动力素质提升：理论逻辑与实践路径［J］. 中国西部，2024（4）：102-110.

［29］欧阳日辉. 数据要素驱动中国式服务业数字化［J］. 贵州社会科学，2024，415（7）：114-120.

［30］范明丽. 数字经济时代的国际经济合作新动态［J］. 国际公关，2024（13）：98-100.